AA6

ROTOVISION

Dalla Gallura a Fukuoka,
da Long Island all'Engadina,
dal West End di Londra
alla Costa Brava,
questa sesta edizione
dell'Annual accompagna il
lettore in un viaggio attraverso
sei paesi — l'Italia, il Giappone,
la Spagna, la Gran Bretagna,
la Svizzera, gli Stati Uniti —
che sono anche sei mondi e sei
modi di vedere il mondo,
la vita, l'arte, l'architettura.
Parlare di architettura
è il nostro mestiere: ma come
sempre, raccogliendo i servizi
più belli e i momenti più
significativi della rivista *Abitare*,
l'Annual va oltre la semplice
architettura e offre
una sua visione personale
e inconfondibile delle cose
e delle idee. Sei paesi, sei ritratti,
un filo che li lega:
lo sguardo di Annual 6.
●

From Gallura to Fukuoka,
from Long Island to Engadine,
from London's West End
to the Costa Brava,
this sixth edition
of the Annual takes the reader
on a journey through six countries
— Italy, Japan, Spain,
Great Britain, Switzerland
and the United States — which are
also six worlds, six ways
of perceiving the world, life, art
and architecture. Discussing
architecture is our business;
but, as ever, the Annual goes beyond
mere architecture in collecting
together the finest reports
and the most significant moments
of the Abitare *magazine*
and presents its own personal,
unmistakable outlook on things,
on ideas. Six countries, six
portraits, with one common note:
the Annual 6 perspective.

ABITARE

ANNUAL 6

indice *contents*

ITALY

Giacomo Casanova, *La mia fuga dai Piombi*

Nel 1753 feci ritorno in patria. Vi arrivai provvisto di una sufficiente cultura, di un'alta idea di me stesso, sventato, amante dei piaceri, nemico di ogni previdenza, pronto a parlare di ogni argomento, a dritto o a rovescio, allegro, spregiudicato, forte e, a capo di una combriccola di amici della mia risma, pronto a beffarmi di tutto, sacro e profano che fosse; chiamavo pregiudizio tutto quello che era sconosciuto ai selvaggi, facevo della notte giorno e rispettavo soltanto l'onore, parola che avevo sempre sulle labbra più per alterigia che per sottomissione; ero pronto, per salvaguardare il mio da ogni macchia, a violare tutte le leggi che avrebbero potuto impedirmi una soddisfazione, un risarcimento, una vendetta da tutto ciò che poteva avere l'apparenza di un'ingiuria o di una violenza.

•

In 1753 I returned to my home country. I came sufficiently cultured, full of myself and reckless, with a love of pleasure and a loathing of all forms of foresight, ready to hold forth on any and every subject, full of mirth, open-minded, strong and, leader of a group of like-minded friends, ready to debunk everything, be it sacred or profane. For me prejudice was everything that was unknown to the savages, I turned night into day and had respect only for honour, a word that was ever on my lips more out of hubris than submission; to safeguard what was mine from being slurred I was prepared to violate all laws which might have robbed me of satisfaction, of compensation or of vendetta for anything resembling an affront or abuse.

Lungo la silenziosa e privatissima stradetta milanese, dentro il cortile ombroso e delabré, su per le profumate scale di beola con chiaroscuri sacrali sui muri e sui quadri, dentro l'appartamento soffice e prezioso di mobili, suppellettili, tappeti e quadri, con un'unica, venerata presenza "moderna": ovvero Luigi Caccia Dominioni, il cui segno è stato ritenuto forse il solo degno d'essere avvicinato a tanta ricercatezza antiquariale (la signora è collezionista e mercante d'arte, il marito è l'architetto). Casa dal borghesissimo impianto che, seppur non vasta, è suddivisa secondo le classiche, rigorose regole-funzioni di un vivere annidato e difeso nel Comodo, nel Caldo, nel Sobrio.

FURNITURE, PAINTINGS

**I mobili,
i quadri**

*Sergio Buliani,
architect*

A quiet, secluded street in Milan, with a shady courtyard whose walls have not been painted for years. Inside the entrance door, a flight of beola *(a type of gneiss) stairs, with a church-like play of light and shadow on the walls and paintings. The door at the top of the stairs leads into an apartment richly decorated with antique furniture, ornaments, carpets and paintings. The only "modern" presence inside is that of Luigi Caccia Dominioni, the only architect whose works have been deemed worthy enough of communing with such a wealth of antiques (the lady of the house is an antique collector and fine art dealer, her architect husband designed the home). The apartment has a thoroughly bourgeois layout, and is subdivided according to the rigorous classical rules and functions of a lifestyle harboured by Comfort, Warmth and Sobriety.*

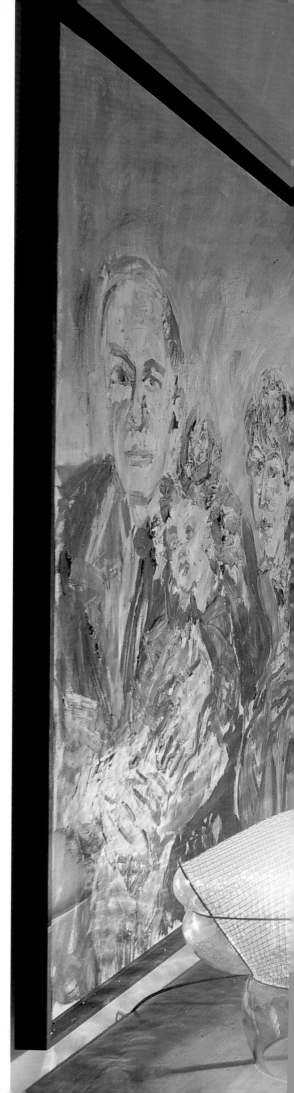

FURNITURE, PAINTINGS

● Nelle pagine precedenti, foto piccola: l'inizio della scala nella hall d'ingresso dello stabile, bell'esempio di barocchetto milanese – uno stile che, pur risalendo al Settecento, ha investito la città fin oltre la metà dell'Ottocento; questo, in particolare, è dei primi anni del secolo scorso. Nelle pagine precedenti, foto grande: ancora la scala, ripresa dal basso verso l'alto; sul soffitto un affresco che rappresenta un'allegoria dell'Aurora. In queste pagine: due immagini del corridoio. Nella foto qui sopra si vede in particolare un prezioso e raro cassettone veneziano (la perla delle perle per gli antiquari) risalente agli inizi del Settecento, in legno di pero con sagomatura quadrupla (a "quattro mosse", come si dice in gergo), pensato all'origine per le camere delle signore e costruito in due anni di lavoro artigianale. La lampada è la "Patroclo" disegnata da Gae Aulenti per Artemide (fuori produzione) e il ritratto di famiglia è opera del pittore Bernard Damiani. La foto grande, ripresa dalla camera da letto, mostra nel suo insieme il corridoio che termina con una parete concava; gli infissi e le maniglie sono originali d'epoca, il pavimento è di seminato alla veneziana.

● *Previous pages, small photo: the foot of the staircase in the building's entrance hall, a fine example of Milanese late Baroque. Although this style flourished in the 18th century, in Milan it lasted until after the 1850s; this particular example is early 19th century. Previous pages, large photo: the staircase again, this time looking up towards the ceiling, which is frescoed with an allegory of Aurora. On these pages: two views of the corridor. In the photo above, an antique dealer's dream – a rare early 18th-century Venetian chest-of-drawers, made of pear wood. It was originally intended for a lady's boudoir, and took a craftsman two years to make. The lamp is Patroclo, designed by Gae Aulenti for Artemide, but no longer in production. The family portrait is the work of Bernard Damiani. The large photo, taken from the bedroom, gives an overall view of the corridor, which ends in a concave recess. The fixtures and door-handles are original period pieces, and the floor is marble seminato alla veneziana.*

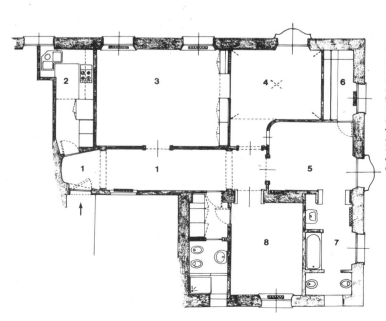

1. ingresso e corridoio;
2. cucina; 3. soggiorno; 4. sala da pranzo; 5. camera da letto matrimoniale; 6. cabina-armadio; 7. bagno; 8. camera da letto della bambina;
9. lavanderia; 10. bagno.
1. *entrance and corridor;*
2. *kitchen; 3. sitting-room;*
4. *dining-room; 5. master bedroom; 6. walk-in closet;*
7. *bathroom; 8. daughter's bedroom; 9. utility and laundry; 10. bathroom.*

12

● Nella foto qui sopra: il "soggiorno blu"; tutto l'arredamento è di Luigi Caccia Dominioni, tranne il tappeto (un "Pechino" della fine dell'Ottocento) e il bureau milanese del 1740. Sotto: particolare della libreria passante tra il soggiorno e la sala da pranzo. A destra: la sala da pranzo, arredata con un severo tavolo ovale laccato in verde bosco e poltroncine di ferro e panno (ancora di Luigi Caccia Dominioni), un vaso Venini degli anni Quaranta, un'angoliera padovana Luigi XVI, un dipinto — "Lepre, tartaruga e uccellino" — attribuito a Bartolomeo Bimbi (1648-1729) e un raro tappeto (Khotan del 1930).

● *Above: the Blue Room. All the furnishings are by Luigi Caccia Dominioni, except for the carpet, which is a late 19th-century Peking, and the Milanese bureau, dated 1740. Below: detail of the bookcase lining the wall between the living- and the dining-rooms. Right: the dining-room is furnished with a sober oval table lacquered in forest green, iron and cloth chairs (again by Caccia Dominioni), a 1940s Venini vase, a Louis XVI style corner cupboard made in Padua, a painting — "Hare, Tortoise and Small Bird" — attributed to Bartolomeo Bimbi (1648-1729), and a rare Khotan carpet dated 1930.*

Via Brera a Milano è una delle strade in cui si possono cogliere in pieno le due anime della città. È centralissima, stretta, alla moda, inquinata e affollata dal traffico metropolitano che si disputa ferocemente ogni metro. Ma basta oltrepassare un portone e richiuderlo dietro di sé per sentirsi in un'altra dimensione e come in un altro tempo: perché si trovano cortili quieti, giardini con grandi alberi, terrazzi verdi, finestre altissime di altissime sale dai soffitti decorati. Questa casa dei primi dell'Ottocento sta fra due cortili e ha uno scalone di pietra e cotto che sale al piano nobile dove ci sono due appartamenti. Eccone uno, che dagli anni Trenta fino a poco tempo fa ha ospitato un atelier di moda e che ora è stato ristrutturato e restaurato per servire come abitazione di una regista teatrale; i lavori si sono estesi anche allo scalone dove il lucernario ottagonale è stato rifatto e sono stati rimessi in luce gli affreschi che decorano il soffitto con un motivo di finti cassettoni. All'interno, i due piani su cui l'appartamento si estendeva sono diventati tre: poiché infatti le sale del piano nobile sono alte 5 metri, pur lasciando alla maggior parte di esse la loro magnifica misura è stato possibile dividerne alcune nel senso dell'altezza per creare la cucina e una stanza per gli ospiti al livello inferiore e un'altra stanza per gli ospiti nel mezzanino. L'abitazione prosegue infine all'ultimo piano con la camera da letto, lo studio e un terrazzo.

● Nella foto piccola: lo scalone restaurato, ripreso dal basso verso l'alto. A destra: la sala di ingresso. La volta decorata di stucchi è stata tagliata con attenzione per inserire la scala che sale al mezzanino. Sulla destra nella foto, la porta (rifatta, come gli stucchi, negli anni Trenta rispettando lo stile dell'edificio) che dà sull'infilata delle sale successive (pranzo, soggiorno); sulla sinistra, la porta nuova della cucina. Accostato alla parete un divano italiano a "barca" dell'Ottocento.

THE ENJOYMENT OF IN-BUILT SCENOGRAPHY

Una scenografia godibile

Piero Castellini, architect

Milan's Via Brera is one of the streets that fully encapture the city's two opposing souls. It's central, narrow, fashionable, and a battleground for traffic. But walk inside a doorway and you feel like you've walked into another time and dimension: here you find tranquil courtyards, gardens with majestic trees, green terraces, and the tall windows of lofty rooms with painted ceilings. This early 18th-century house stands between two courtyards, and stone and terracotta stairs lead up to the piano nobile, where there are two apartments. Here we visit one of them, which from the 1930s until very recently housed a dressmaker's atelier. Now it has been renovated and restored, and is the home of a theatrical producer. The renovation work extended outside the apartment itself: in the staircase, the octagonal skylight has been remade, and the ceiling, which is frescoed with faux caissons, has been brought to light. Originally on two floors, the apartment now boasts three. This was made possible because the rooms on the piano nobile are no less than five metres high: most of them were left as they were, but some of them were divided heightwise to create a kitchen and guestroom on the lower floor, and another guestroom on the mezzanine floor. The apartment continues up to the top floor, which has a bedroom, a study and a terrace.

● Small photo: the restored staircase, taken from the ground floor looking upwards. Right: the entrance hall. The stuccoed vault was carefully cut in order to insert a stain leading up to the mezzanine floor. On the right of the photo, the door (remade, respecting the style of the building, in the 1930s, together with the stuccowork) leading to the enfilade of rooms (dining-room, living-room); on the left, the new kitchen door. Beside it, a 19th-century Italian settee.

THE ENJOYMENT OF IN-BUILT SCENOGRAPHY

● In questa foto: la porta aperta sulla sala da pranzo e sul soggiorno. Nella pagina a lato, la ripresa opposta: dal soggiorno verso il pranzo e l'ingresso. In primo piano, aperta, una porta-finestra del soggiorno che dà su un balcone vetrato; all'esterno è dipinta di grigio-azzurro per rispettare l'uniformità dei serramenti dell'edificio. Come arredi, un portalegna lucchese del periodo Impero usato come piccola libreria, una sedia di alluminio acquistata da De Padova, e una sedia pieghevole inglese della fine dell'Ottocento. In questo piano i pavimenti sono di medoni di cotto variegato — un materiale tipico della tradizione lombarda — posati a spina di pesce; provengono dalla ditta Muzio di Fagnano Olona, una vecchia fabbrica artigianale di cotto fatto a mano.

1. sala d'ingresso; 2. sala da pranzo; 3. cucina con lavanderia; 4. soggiorno con balcone-veranda; 5.6. camera da letto e bagno per gli ospiti; 7. ballatoio interno affacciato sulla sala da pranzo; 8.9. camera da letto e bagno per gli ospiti; 10. studio; 11.12.13. spogliatoio, camera da letto e bagno padronali; 14. terrazzo.
1. entrance hall; 2. dining-room; 3. kitchen with laundry; 4. living-room with balcony/verandah; 5.6. guest bedroom and bathroom; 7. gallery overlooking the dining-room; 8.9. guest bedroom and bathroom; 10. study; 11.12.13. dressing-room, master bedroom and bathroom; 14. terrace.

● In this photo: the same door, open this time, and showing the dining-room and drawing-room. Facing page: the opposite view, looking from the living-room through the dining-room to the entrance. In the foreground, the French door (shown open here) leads into a glassed-in balcony; on the side facing the exterior, the door is painted the same grey-blue as all the other window-frames on the façade. The furniture consists of a wood-holder from Lucca, dating from the time of the First Empire and now used as a small bookcase, an aluminium chair from De Padova, and a late 19th century English folding chair.
The typically Lombard variegated terracotta tiles, laid out in a herringbone pattern, are from the Muzio company of Fagnano Olona, an old factory specializing in handmade terracotta.

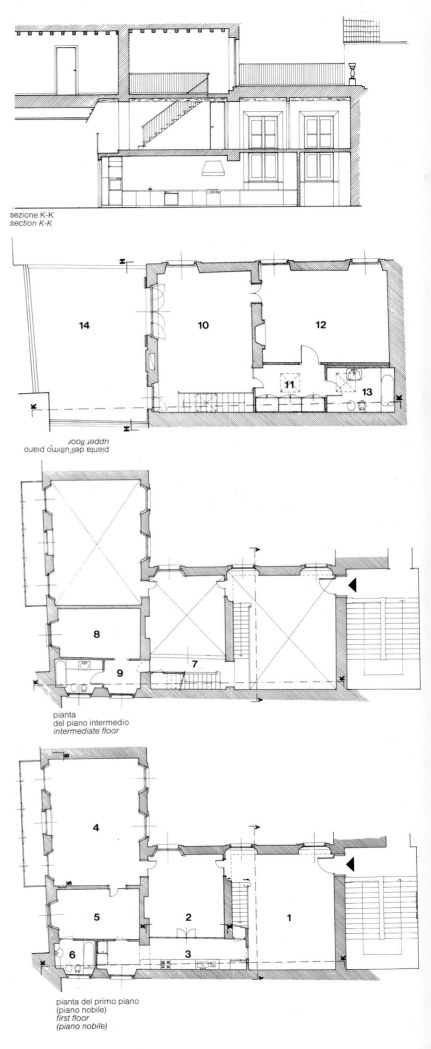

sezione K-K
section K-K

pianta dell'ultimo piano
upper floor

pianta del piano intermedio
intermediate floor

pianta del primo piano (piano nobile)
first floor (piano nobile)

● In queste pagine: la cucina (con una zona lavanderia nel tratto finale, vedi la foto a sinistra) e la sala da pranzo. In cucina, la lunghezza della parete attrezzata con mobili Driade sotto il banco di lavoro di beola consente di avere una capienza sufficiente senza ricorrere ai mobili pensili. Questi avrebbero peraltro disturbato "l'apparato scenografico" costituito dall'insieme pranzo-cucina-scala (vedi la foto alla pagina a lato), che si aggiunge alla scenografica infilata di stanze vista alle pagine precedenti. I due ambienti sono divisi-uniti da una imponente struttura di ferro e vetro (eseguita dal fabbro Poli di Torino) che arricchisce reciprocamente il campo visivo. Vista dal pranzo, inoltre, la scena non appare conclusa, ma è mossa ulteriormente dalle linee della ringhiera di ferro, dall'ombra del vano della scala e dal profilo della scala stessa che lascia immaginare un qualche svolgimento verso l'alto. La sala da pranzo è arredata con sedie toscane dell'Ottocento e con un tavolo chiudibile a consolle, disegnato da Vico Magistretti per De Padova.

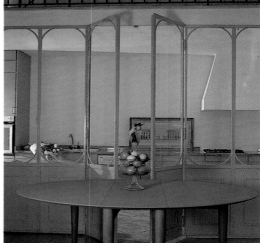

● On these pages: the kitchen (with a laundry area at the end, seen in the photo on the left) and the dining-room. The length of the kitchen wall, fitted with units from Driade under the beola stone work counter, means that there is no need for wall units. The latter would have disturbed the "scenographic" ensemble constituted by the dining-room, kitchen and staircase (see photo facing page), which connects with the scenographic enfilade of rooms seen on the previous pages. Kitchen and dining-room are divided/united by an imposing glass and iron structure (made by the Poli smithy, Turin) which enriches the vistas. Seen from the dining-room, the scene does not terminate there at all, but is further enlivened by the lines of the iron gallery, the shadow of the stairwell and the outline of the staircase. The dining-room is furnished with 19th-century Tuscan chairs and with a drop-leaf table designed by Vico Magistretti for De Padova.

THE ENJOYMENT OF IN-BUILT SCENOGRAPHY

● Dalla foto grande in questa pagina si può notare che anche nel soggiorno continua il gioco del "doppio fondale". Le porte-finestre sono due, situate simmetricamente ai lati di una finestra sotto la quale con altrettanta simmetria è posto un divano. Queste aperture non danno però direttamente sull'esterno bensì su un lungo balcone che all'inizio del secolo fu chiuso con vetri per formare una veranda (foto piccola). Le vetrate sono state restaurate da uno specialista (il vetraio Arienta di Milano), la pavimentazione è stata rifatta con lastre di beola (lo stesso materiale usato per il piano della cucina e i gradini della scala).

● *The large photo on this page shows that the play of "double back-drops" continues even in the living-room. There are two french-windows positioned symmetrically on either side of a window, beneath which a couch has been placed with equal symmetry. These openings do not look out directly at the exterior: instead, they look out onto a long balcony which was glassed over and made into a verandah at the turn of the century (small photo). The panes were restored by a specialist firm (Arienta glass-makers, Milan), and the floors were laid with flags of beola stone (the same material used for the kitchen counter and the treads of the stairs).*

● Queste foto mostrano l'ultimo piano nelle cui stanze, demoliti i controsoffitti, è riemersa, ben conservata (è stato necessario solo ripulire), la copertura originaria di abete massiccio. Rifatti sono invece i pavimenti, non con legno nuovo ma con liste di pitch-pine di recupero. Un'altra piacevole "eredità" trovata in loco è stata la vasca da bagno di marmo giallo di Siena con zoccolo di marmo nero del Belgio: un pezzo unico (prima foto piccola). Per accompagnarla è stato scelto un pavimento di lastre di lavagna (30x30 cm) spesse 3 cm, trattate a cera. Le piastrelle alle pareti sono bianche lucide, lo specchio sul lavabo, in radica di betulla, faceva parte di un mobile del Nord-Europa. In camera, di fronte a un letto toscano del Seicento con baldacchino di ferro e tendaggi e copriletto di lino (seconda foto piccola), c'è un camino in muratura con inserita una cornice francese di ghisa lavorata. La terza foto è stata ripresa dalla camera da letto (vicino al camino, un lettino da campo inglese della metà dell'Ottocento, pieghevole, di metallo) verso lo studio, che è visibile nell'ultima foto. Da notare qui un tavolo da disegno lombardo d'epoca Impero con i meccanismi in perfetto stato di funzionamento. Dallo studio si passa infine nel terrazzo (foto grande) che si affaccia sul secondo cortile, ancora più nascosto del primo, ancora più affondato nel tessuto segreto della città: oltre i tetti delle case emerge un faggio maestoso.

● *These photos show the upper floor. The false ceilings in the rooms here were removed, revealing the original ceilings of solid spruce (these were in good condition, and needed only to be cleaned). The floors, however, were relaid, not with new wood but with secondhand strips of pitch-pine. Another pleasant "legacy" found on the spot was the bathtub of yellow Siena marble with a black Belgian marble plinth (first small photo). This unique piece has been accompanied by a flooring of waxed slate tiles, 30x30 cm and 3 cm thick. The tiles on the walls are glossy white, and the birchwood-framed mirror over the washbasin was originally part of a piece of furniture from the North of Europe. In the bedroom, the 17th-century iron four-poster Tuscan bed with linen bedcover and drapes (second small photo) faces a brickwork fireplace decorated with a wrought-iron French frame. The third photo was taken from the bedroom (near the fireplace, a mid-19th-century English folding metal camp bed) looking towards the study, which is seen in the last small photo. Note the Lombard drawing-board (dating from the First Empire), which is still in perfect working order. The study leads out to the terrace (large photo) which overlooks the second courtyard: this latter, more quiet than the first one, is part of the city's secretmost fabric — a majestic beech tree surges over the roofs of the houses.*

Milano, via Aurelio Saffi, zona Magenta. Chi conosce la città sa che l'espressione "zona Magenta" racchiude questi concetti: signorilità, discrezione, buona educazione, buon reddito, buon livello architettonico delle case d'abitazione e soprattutto omogeneità stilistica di un numero di strade e piazze che per Milano si può dire elevato; dato il carattere molto misto della città, che negli anni Cinquanta e Sessanta ha fatto di tutto per cambiare drasticamente il proprio volto, quest'area rappresenta infatti un insolito esempio di spirito conservatore. Nell'autentica zona Magenta, cioè nella sua parte più centrale, si trovano tutti edifici che oggi vengono definiti "d'epoca", e l'epoca è l'inizio del secolo. Hanno stanze ampie, soffitti alti, finiture accurate e spesso più che accurate: si veda per esempio, nella foto piccola, la cancellata di ferro battuto che divide l'androne di ingresso dal cortile. In un appartamento del secondo piano di uno di questi stabili abita da poco tempo un giovane architetto-fotografo, nipote di Gio Ponti. È entrato, ha ripulito, e non ha sentito nessun bisogno di aggiornare, di ridistribuire, di ristrutturare. Le belle stanze gli andavano bene così com'erano. Solo una piccola risistemazione al bagno e l'eliminazione di due brevissimi tratti di parete che accennavano una divisione fra pranzo e soggiorno: questo ora è una stanza unica, grande (vedi la foto alla pagina a lato).

ALL IN THE FAMILY

**Cose
di
famiglia**

For anyone familiar with Milan, the words "zona Magenta" immediately conjures up a picture of a discreetly elegant residential area inhabited by a well-heeled, well-behaved upper-middle class. The houses are generally of a high architectural standard, and the streets and squares are stylistically homogeneous over what can be considered quite a large area for hotchpotch Milan. During the Fifties and Sixties the city threw itself wholeheartedly into changing its appearance. The results were drastic, so this uniformly conservative district is something of an anomaly. In the heart of the district — the true-blue "zone Magenta" — all the buildings date back to the turn of the century. They have spacious rooms, high ceilings, and high-quality materials and fittings. Outstanding quality in some cases, as exemplified by the wrought iron gate (small photo) leading into the courtyard. A young architect-photographer, grandson of Gio Ponti, recently came to live in a second-floor apartment in such a building. He did very little to the apartment before moving in, apart from painting it. He had no impulse to renovate it, replan it, or update it: he liked the fine, well-proportioned rooms the way they were. Just a few changes in the bathroom and the elimination of two short stretches of wall which partially divided the dining- and living-rooms, which have now been turned into one single, large room (facing page).

• Nella pianta fornita dall'amministrazione dello stabile il perimetro dell'appartamento è indicato dalla linea colorata. Si nota al centro, verso la via Aurelio Saffi, il grande soggiorno con tre finestre di cui in queste pagine diamo due immagini. Oltre al disegno del pavimento e alla decorazione del soffitto, il termosifone situato perpendicolarmente al muro, che si vede in basso a sinistra nella foto in questa pagina, è l'unico segno rimasto che fa intuire la precedente suddivisione del locale in due ambienti comunicanti attraverso un'ampia apertura. Per l'arredamento sono stati usati quasi esclusivamente mobili di famiglia. Il tavolo da pranzo, le sedie e la piccola libreria fra le finestre sono di Gio Ponti. Il divano color tabacco è il "Confidential" disegnato da Alberto Rosselli per Saporiti. La libreria di metallo verniciato, dietro il divano, è fatta con elementi del programma per uffici "Taking Office" che sempre Alberto Rosselli disegnò nel 1972 per Facomet.

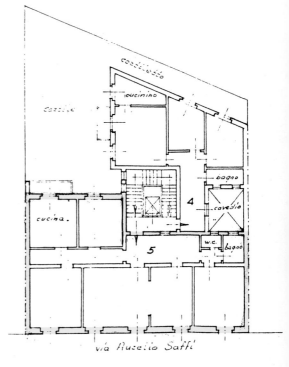

• *In the plan (supplied by the condominium management) the perimeter of the apartment is shown by a coloured line. The spacious, three-windowed living-room illustrated in the two photos on these pages is in the centre, overlooking Via Aurelio Saffi. Apart from the parquet friezes and the stucco ceiling decoration, the radiator jutting out from the wall (just visible in the bottom left-hand corner of the photo on this page) is the only remaining trace of the previous partition into two distinct, but communicating, areas. The room has been furnished almost entirely with family furniture. The dining-table, the dining chairs and the small bookshelf between the windows are all by Gio Ponti, the tobacco-coloured couch is Alberto Rosselli's Confidential from Saporiti, and the lacquered metal shelving behind the couch is from the Taking Office range of modular office furniture designed by Alberto Rosselli for Facomet in 1972.*

● Nella foto piccola: l'ingresso e il corridoio, dove sono state mantenute le tipiche piastrelle del tempo, in cemento colorato. Nelle stanze ci sono invece i pregevoli vecchi parquets, semplicemente ripuliti. Nelle altre due foto in queste pagine: due particolari della camera da letto principale. Un singolare pezzo unico è la libreria, realizzata da Gio Ponti verso la fine degli anni Cinquanta o i primi anni Sessanta. È di legno, con ripiani illuminati da dietro per mezzo di lampade tubolari (non al neon). In alto, sulla destra, è inserita una piccola vetrina pure illuminata da una lampada nascosta; in basso sono incorporati un elemento a due antine e, sulla sinistra, un portariviste con divisori in lastre di cristallo. La casa, dunque, è dell'inizio del secolo; i mobili degli anni fra i Cinquanta e i Settanta; ma il modo di disporre e vivere il tutto è inequivocabilmente attuale. Quando le cose sono di qualità perché disfarle? Se usate bene non corrono il rischio di sapere di "vecchio", come questa abitazione chiaramente dimostra.

● *Small photo: the hall and corridor, where the original concrete tiles (typical of the period in which the house was built) have been preserved. The rooms have splendid old parquet floors, which were simply sanded down and revarnished. The other two photos show the main bedroom. The wooden bookcase is an unusual one-off piece which was designed by Gio Ponti in the late Fifties or early Sixties; the shelves are lit from behind with incandescent (not neon) strip lights. A two-door cabinet is incorporated into the bottom part, which has a magazine rack with glass dividers on the left. In a nutshell, the building may date from the turn of the century and the furniture from the Fifties, Sixties and Seventies, but the way in which it has been organized and is now lived in is decidedly contemporary. And after all, what reason is there to change well-designed, quality things? Used in the right way, there is no risk of their seeming out-of-date or passé, as this home clearly demonstrates.*

A SMALLER HOME: SAME TONE, SAME COMFORT

Stessa classe, stesso comfort nella casa piccola

Marco Romanelli and Stefano Mundula, architects

La signora che ora abita questo piccolo appartamento milanese ne ha lasciato da poco al figlio che si sposa uno bellissimo dove lei ha vissuto fin dagli anni Cinquanta: un appartamento di 300 metri quadrati situato nello stesso stabile a un passo da piazza San Babila, vale a dire assolutamente nel centro della città. Trasferimento non facile, ma in qualche modo apportatore di un benefico rinnovamento. Agli architetti cui ha affidato il lavoro di ristrutturazione ha chiesto, anche nello spazio minore, di recuperare quella "completezza di progetto" cui era abituata e di esprimere al tempo stesso il mutato spirito dei tempi. Ecco dunque i progettisti rivoluzionare innanzi tutto la pianta, che si presentava infelicissima nella sua banalità e priva di uno spazio adeguato in cui ricevere. Specie quando le dimensioni sono ridotte, la cucina e il corridoio non dovrebbero rimanere ambienti separati e marginali: la scelta migliore è quella di integrarli e usarli (oltre che per le loro specifiche funzioni) per accrescere la vivibilità globale della casa. Qui per esempio, pur nel rispetto della richiesta di una casa di "rappresentanza", la cucina e il corridoio sono diventati gli elementi-perno del progetto. La cucina è stata creata ex novo sfruttando l'ultimo tratto del corridoio, e questo è stato molto valorizzato poiché è rimasto come spazio-filtro ma non dà alcun senso di strettezza o costrizione: al contrario, si rivela prezioso per l'ampliamento delle prospettive. La parete a destra di chi entra è infatti costituita da una serie di pilastri bianchi e grandi aperture architravate che rendono visibile tutto il soggiorno. Chi sta in soggiorno, dando le spalle alle finestre, vede pilastri e architravi rivestiti da questa parte con tessere di mosaico in pasta di vetro verde, come si usava un tempo nelle piscine. Solo da qui può notare che le ultime aperture sono tamponate da pannelli di vetro trasparente rotanti su perni e da bassi armadietti per il vasellame, e attraverso i grandi vetri può cogliere, al di là, la profondità del nuovo ambiente cucina.

The lady who lives in this small Milan apartment moved here only recently from a splendid home where she had been living since the 1950s, and which she has now handed over to her son as he is about to get married. Her former apartment was much larger (300 square metres) but situated in the same city block, just a stone's throw from Piazza San Babila, right in the heart of the city. The switchover was not easy but in some ways it proved beneficial. When commissioning the firm of architects to replan her new home she asked them to create, albeit on a smaller scale, the kind of "complete residence" she had been used to, while at the same time taking account of the changed spirit of the times. For a start, the architects had to revolutionize the layout which was as bland as it was impractical, and lacking a decent reception room. It makes no sense to have a separate kitchen and hall/corridor, especially when space is limited: the best solution is to combine them with other living spaces to improve the overall quality of the apartment (without of course neglecting their specific functions). Here, for example, while satisfying the owner's desire for a smart, elegant home, the kitchen and corridor have become the hub of the apartment. The kitchen was completely rebuilt, incorporating the end of the corridor. The remaining section of corridor benefited greatly by this: while retaining its function as a filter area it no longer strikes one as a poky, restricted space; on the contrary, it helps to make the apartment seem more spacious. Entering the apartment, on the right hand there is a series of white pillars supporting an architrave with broad openings through which you look across into the living-room. Standing in the living-room with your back to the windows, you are confronted with the pillars and architrave which on this side are faced with mosaic tesserae in green pâte-de-verre, of the kind formerly used in swimming-pools. It is only when you are inside the room that you realize the last openings are closed with rotating panels of transparent glass mounted on pivots, providing an elongated vista towards the new kitchen.

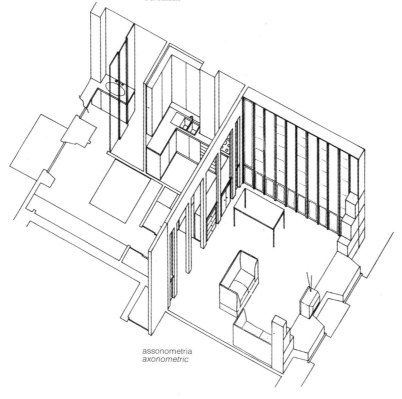

assonometria
axonometric

● La foto alla pagina a lato è stata ripresa dalla cucina verso il soggiorno. Si vedono i pilastri bianchi, i pannelli di tamponamento in vetro, che si possono aprire facendoli ruotare su perni, il piano passavivande in marmo di Carrara e, sotto il piano, gli armadietti in legno di pero per riporre il vasellame.
● *Facing page: view from the kitchen, looking towards the living-room. It shows the white pillars and the glass panels (which rotate on pivots so you can open them), the serving counter in Carrara marble and, below the counter, the pearwood cupboards for chinaware.*

A SMALLER HOME: SAME TONE, SAME COMFORT

● Si veda, nella pianta preesistente, la disorganica distribuzione degli ambienti allineati a destra e a sinistra del corridoio: un soggiorno piccolo, una cucina più grande del soggiorno, una camera da letto di medie dimensioni, due bagni affiancati eccessivamente lunghi e stretti. E si veda, nella pianta attuale e nell'assonometria, l'abile lavoro di intarsio che ha tratto profitto di ogni metro quadrato per ridistribuire e riproporzionare gli spazi migliorando complessivamente le funzioni: un grande soggiorno-pranzo con due pareti rivestite da librerie-contenitori a tutta altezza; al centro della casa il corridoio e la cucina già descritti; una camera da letto provvista di un capacissimo armadio-guardaroba disegnato come le librerie del soggiorno. La camera comunica direttamente con un bagno di buone dimensioni, mentre dal corridoio è accessibile attraverso un passaggio-spogliatoio tutto rivestito di legno di pero, soffitto compreso, e affiancato sulla sinistra da un ripostiglio, sulla destra da un bagno di servizio-ospiti, entrambi chiusi da porte scorrevoli. I pavimenti sono di rovere del Paranà, gli arredi fissi di legno di pero; questo accostamento crea nell'insieme un'atmosfera soffusa di rosa. Nella foto: il corridoio con la cucina sullo sfondo; a schermo fra l'uno e l'altra c'è ua porta di vetro opalino verdognolo (come le ante della libreria) che, lasciando filtrare la luce, dilata percettivamente lo spazio. In alto, per l'illuminazione, una sequenza di globi bianchi "da ministero".

● *The previous plan shows how badly the various rooms were laid out on either side of the corridor. There was a small living-room, a kitchen larger than the living-room, an average-sized bedroom, and two excessively long, narrow bathrooms, set side by side. The present plan and axonometric reveal how the architects have adroitly slotted together the various parts of the apartment, making the most of every square foot of floor area; the available space was reallocated, improving both the proportions of the rooms and their usefulness. The apartment now comprises a large dining/living-room, with two walls faced with floor-to-ceiling shelving and cupboards; the corridor and kitchen in the centre of the apartment; and a bedroom, equipped with capacious built-in wardrobes designed on the same lines as the shelving in the living-room. The bedroom communicates with a spacious bathroom; access to bedroom from the corridor is through a dressing-room/passageway panelled on both walls and ceiling with pearwood, flanked on the left by a closet and on the right by a guest bathroom/utility room, both of which have sliding doors. The floors are laid with Paranà oak and the fittings are of pearwood, a combination which gives the rooms a warm, pinkish light. The photo shows the corridor with the kitchen in the background; the two are separated by a door of greenish opaline glass (the same as that of the doors of the bookcases) which lets light filter through, making the apartment appear roomier than it is. The corridor is illuminated by a series of white glass globes.*

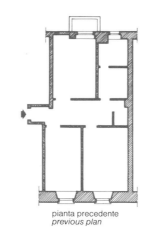

pianta precedente
previous plan

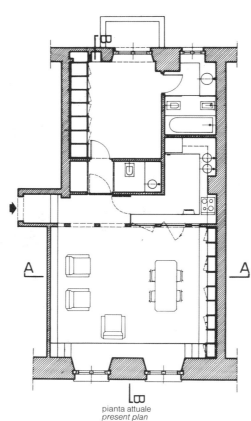

pianta attuale
present plan

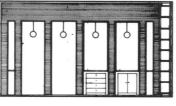

sezione AA
section AA

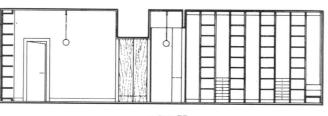

sezione BB
section BB

● Nella foto grande: la prospettiva dal soggiorno verso il corridoio e la cucina (uno dei pannelli di vetro è aperto). Il mosaico vetroso verde-acqua che riveste da questo lato pilastri e architravi "pennella" imprevedibilmente la scena, accentua il senso di profondità, mette in grande risalto i globi bianchi allineati nel corridoio. I mobili provengono dalla casa precedente e sono quindi rigorosamente anni Cinquanta — rinnovamento non vuol dire rifiuto del passato. Di Franco Albini sono le poltrone "Fiorenza" disegnate per Arflex, che ancora le produce, e il tavolo da pranzo, anch'esso ancora in produzione da Poggi; come sedie le famose chiavarine laccate di nero, che di quegli anni sono un segno tipico. Sopra il tavolo invece una lampada di oggi: "Aggregato" di Enzo Mari e Giancarlo Fassina per Artemide. Le librerie a tutta parete sono disegnate in modo da sfumare, fino a eliminare, la percezione delle linee orizzontali, scandendo e sottolineando le verticali pavimento-soffitto con l'accorgimento di far sporgere leggermente le fiancate, a mo' di lesene con sezione triangolare.

A SMALLER HOME: SAME TONE, SAME COMFORT

● *Large photo: looking from the living-room towards the corridor and kitchen (one of the glass panels is open). The sea-green glass mosaic on this side of the pillars and architrave emphasizes them as though they had been picked out with a paintbrush, enhancing the sense of depth and contrasting with the row of white globe lights in the corridor. The furniture came from the owner's previous home and is consequently purebred 1950s; adopting a new style of décor does not imply rejecting the past. Franco Albini's "Fiorenza" armchairs from Arflex are still in production, as is the dining-table from Poggi. The celebrated black lacquered "chiavarine" dining-chairs are a Fifties classic. The pendant light over the dining-table, on the other hand, is contemporary: it is Artemide's "Aggregato", designed by Enzo Mari and Giancarlo Fassina. The design of the floor-to-ceiling shelving plays down the horizontal lines of the shelves and emphasizes the verticals by making the uprights, whose front edges have a triangular section, project slightly beyond the shelves like fillets.*

● I principi funzionali di una roulotte per un interno in legno di pero e marmo di Carrara: così, un po' paradossalmente, si può riassumere il criterio informatore di questo progetto. In altre parole: spazio usato con il calcolo più minuzioso, tenendo conto anche dei centimetri, e materiali raffinati. Qualche esempio. In cucina (vedi le due foto a sinistra) mobili su disegno in legno di pero, piani di lavoro e rivestimento delle pareti in marmo, fornelli di acciaio inossidabile a piastre ribaltabili (produzione Alpes), cappa aspirante di Oscar Tusquets per BD di Barcellona.

● An interior finished in Carrara marble and pearwood but designed on the same funcional principles as a caravan; this is how one could sum up the approach which guided the planning of this project. In other words the spaces are minutely calculated down to the last inch, but the materials employed are highly sophisticated. A few examples: in the kitchen (two photos on left) the furniture is custom-made in pearwood, the worktops and walls are faced with marble, the cooker hob (from Alpes) has tip-up hotplates and is in stainless steel, an the cooker hood is a model by Oscar Tusquets from BD

Nella foto al centro: sotto il piano passavivande, un armadietto per il vasellame, accessibile dai due fronti. Qui sotto: sui lati più lunghi del soggiorno due fasce in marmo di Carrara inserite nel pavimento permettono di far scorrere entro un binario incassato una scaletta costruita su disegno che rende praticabili tutti i 3,20 metri di altezza delle librerie. Nelle due foto a destra: chiuso e aperto, il mobile-lavabo che nasconde una lavatrice nel piccolo bagno degli ospiti tutto rivestito di marmo; sul piano, una specchiera settecentesca di argento massiccio.

of Barcelona. Facing page, centre photo: detail of one of the storage units for chinaware situated below the serving counter, with access from both sides. Photo above: on the longer walls of the living-room two strips of Carrara marble set into the floor contain tracks for a custom-made set of steps, providing access to the upper part of the shelving (3.2 metres high). Two photos on right: the handbasin unit in the guest bathroom (faced throughout with marble) which conceals a washing machine (shown open and closed). The mirror on the counter is an eighteenth-century antique in solid silver.

La bellezza delicata di questo stazzo gallurese, fatta solo di semplici, auree proporzioni, priva del pur minimo ornamento, bastava un nulla per distruggerla. Ed è occorsa una notevole ostinazione per non guastarla, per non scendere a corrivi "miglioramenti", per sfidare lo stupore e addirittura le risate di coloro che eseguivano i lavori di restauro e che da principio non capivano il senso di tanto rigore nel voler conservare esattamente com'era quello che dopotutto per loro non era che u- no stazzo, cioè un rustico ricovero di animali e pastori. Ma a poco a poco capirono, e collaboraro- no. Quando fu comprato, l'edificio era praticamente un rudere abbandonato nel silenzio della cam- pagna, un silenzio intenso e meraviglioso che quasi non esiste più da nessuna parte. Dal lato nord, quando il cielo è limpido, si arriva a vedere la Corsica, la falaise di Bonifacio. Dal lato sud si vede vicinissimo il profilo frastagliato della Sarra di Monte Canu; su uno dei pizzi della montagna c'era un nuraghe che è crollato, e le sue pietre hanno formato quasi un ghiaione. C'è chi dice che sia crollato per un fulmine, c'è chi dice che fu invece a causa della "legge delle chiudende". La legge diceva che chiunque riuscisse a recintare un pezzo di terra ne diventava proprietario; così fu che per fare i muretti divisori i contadini, o quelli che sarebbero diventati contadini, disfarono per tut- ta la Sardegna centinaia e centinaia di nuraghi. Vicino allo stazzo c'è la tomba dei giganti Li Miz- zani. Risale all'età del bronzo (secoli XVI-XIV a. C.) ed è l'unica la cui stele sia rimasta eretta; le altre stele di questo tipo che si incontrano in Sardegna sono state rialzate in tempi recenti. Sono chiamate tombe dei giganti per le loro grandi proporzioni; in realtà erano tombe collettive usate dai pastori dell'epoca nuragica. Probabilmente molte pietre furono prese dalla tomba Li Mizzani per costruire lo stazzo intorno al 1918: quella che fa da soglia alla cucina senz'altro viene da lì.

A SHELTER IN GALLURA

**Stazzo
in
Gallura**

*restoration
and
interior decor
by
Alessandra
Bocchetti*

The delicate beauty of this unadorned shepherd's shelter in Gallura, Sardinia, lies in its hand-some proportions. It would have taken little or nothing to destroy it, and a great deal of willpower was required to prevent falling into the trap of carrying out "improvements". Willpower was also needed to brave the astonishment and guffaws of the workmen carrying out the restoration work. At first, they failed to see the sense in preserving a humble stazzo — *a rudimentary shelter for shepherds and sheep — exactly as it was. Little by little, though, they began to see the point of it all, and put their hearts into their work. When it was bought, the building had been little more than a ruin lying in the intense silence of the Sardinian countryside. Looking north from here on clear days you can see the cliffs of Bonifacio, on the neighbouring is-land of Corsica. Looking southwards you can see the jagged outline of a nearby mountain, the Sarra di Monte Canu. On one of its peaks lie the collapsed remains of a* nuraghe, *whose stones have slithered down to form what amounts to a scree (*nuraghi *are massive stone fortified con-structions dating back to the Bronze Age, and peculiar to Sardinia). Some of the country folk say that a flash of lightning caused the* nuraghe *to collapse, but others put it down to the "law of the boundaries". An old law stated that whosoever succeeded in enclosing a piece of land became the owner thereof. The result was that would-be peasant farmers destroyed hundreds of* nuraghi *throughout the island for the stones, which they then used for building boundary walls. A "giant's tomb" called Li Mizzani stands near this shepherd's hut. It dates back to the Bronze Age (16th-14th centuries B.C.) and is the only tomb whose stele has remained standing; the other steles of this type in Sardinia have all been raised up again in the present century. Called "giant's tombs" on account of their mammoth proportions, they were in fact used by the sheepherding peoples of the Nuragic Age as collective graves. Many of the stones used to build the shepherd's shelter in 1918 were probably taken from the Li Mizzani tomb; the stone forming the threshold of the kitchen is definitely from this source.*

● Dopo il restauro, tutto sembra come prima: proprio questo è ciò che si voleva. Le pareti esterne mantengono il vecchio intonaco grezzo con un'ombra di rosa, e non sono state neppure riaperte certe finestrine murate qualche imprecisato decennio fa.Tutt'attorno ritagli di terreno a pascolo, macchia, grandi massi e, vicino a uno dei rari alberi, la stele della tomba Li Mizzani. La si vede nella foto piccola al centro. Nel disegno è rappresentata la pianta della tomba; la stele incastrata nel terreno segnala l'apice della forma a esedra che caratterizza questo tipo di tombe, di cui in Sardegna finora se ne sono trovate circa trecento.

● *After restoration, the building looked exactly the same as it had at the outset, which was precisely the object of the exercise. The exterior walls still boast the original, rough, pink-hued plaster, and even some small windows which were bricked up several decades ago have been left untouched. The surrounding landscape is made up of plots of grazing land, maquis and hillocks. The stele of the Li Mizzani tomb stands near one of the few trees. The stele is shown in the small centre photo. The plan of the tomb is shown in the drawing; the stele marks the apex of the exedra-like form of this type of tomb, of which about three hundred have been found to date in Sardinia.*

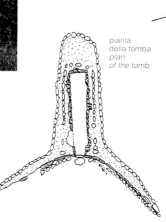

pianta
della tomba
*plan
of the tomb*

● Il tetto è stato rifatto, riusando quando è stato possibile le vecchie travi di ginepro, un legno che non viene mai attaccato dai tarli. Le pareti non sono lisce e compatte, ma è stato spiegato ai muratori di rifarle com'erano, cioè un po' "montagnose", da intonaco dato con le mani. Il colore è di Monique Pelegry; è stato ripreso il rosa di cui erano rimaste tracce, mentre per lo zoccolo si è scelto un color mostarda leggero. Il pavimento molto rovinato, di cemento disegnato con semplicissimi motivi geometrici, è stato tuttavia mantenuto. Solo in cucina è stato rifatto, perché non c'era più (o non c'era mai stato); per questo lavoro si è dovuto andare a cercare un vecchio muratore di Palau, l'unico a quanto pare che conservasse la memoria di questa tecnica e anche un attrezzo speciale per fare i disegni. Conclusione quasi ovvia: non cambiare niente è spesso più difficile, ma il risultato ripaga le intuizioni della sensibilità.

● *The roof has been rebuilt, using where possible the original beams of juniper wood (potently woodworm-repellent, no matter how old it is). The walls are not smoothly plastered over: instead, the workmen were instructed to remake them exactly as they had been before – roughly plastered by hand. The colour was created by Monique Pelegry, and based on the few remaining traces of pink left on the walls. The glossy painted strip running along the base of the walls is a pale mustard hue. The old cement floor with its simple geometric patterns was in a sorry state, but has nonetheless been left that way. Only traces of floor remained in the kitchen (maybe there never was one in the first place), and this is the only place where a new floor has been laid. This involved hunting down an old stonemason from the village of Palau, who still remembered how to carry out this technique and still possessed a special tool for drawing the patterns. It only remains to state the obvious: it is often more difficult not to change than it is to change. But when your sense of flair tells you to pursue that course, then the results are well worth it.*

Lo sviluppo di Punta Sardegna, presso Palau, ha la prerogativa di avere seguito fin dall'inizio, circa venticinque anni fa, uno stretto e rispettoso rapporto con la natura e uno stile di vita conseguentemente riservato e poco mondano. Merito certo del primo nucleo di abitanti inglesi, che al luogo hanno impresso un carattere del tutto scevro da tendenze esibizionistiche, e di tutti i successivi abitanti, che questo carattere hanno voluto mantenere. A Punta Sardegna la natura è stata generosa di vegetazione — la macchia mediterranea più rigogliosa — e di formazioni rocciose dalle forme suggestive. L'orientamento della costa a levante determina condizioni climatiche ideali.

Qui, la casa che presentiamo si inserisce fra rocce e alberi con forme molto articolate, ma nel rispetto di una geometria di angoli retti e linee parallele, instaurando un rapporto speciale fra casa e terreno, fra abitazione e natura: i volumi costruiti si dispongono in modo da formare, con i volumi naturali che li circondano, degli spazi vivibili a ponte fra casa e ambiente. È questa "seconda casa", fatta di stanze aperte che avvolgono il volume abitativo, lo spazio più vissuto e goduto dagli abitanti, la parte a loro più cara perché ne lega la dimora a un paesaggio memorabile offrendo il codice per una reciproca e intima comprensione.

AT A STONE'S THROW FROM THE SEA

A un passo dal mare

Alberto Ponis, architect

Punta Sardegna, near Palau, is now reaping the benefits of having fostered close links with nature from the earliest days of its development around twenty-five years ago and of having kept things private, rather than creating a place for fashionable society. Credit for this must certainly go to the area's first residents, a group of Britons who set a trend that was anything but exhibitionistic, and to all those came later and followed suit. At Punta Sardegna nature has been generous with vegetation — this is Mediterranean maquis at its most exuberant, and the rock formations are amazing. The coast faces east, so climatic conditions are ideal.

Here, the house we feature lies nestled among the rocks and trees. Its form is very articulated, yet it never departs from a basic geometry of right angles and parallel lines, establishing a special rapport between house and land: the manmade volumes are so arranged as to interact with the natural volumes around them, forming living spaces that extend well outside the home itself. This "second" home of open-air spaces around the actual living unit is the part most lived in and cherished by the inhabitants, because it affords a link with the breathtaking landscape all around and provides the key to a mutual and intimate understanding.

AT A STONE'S THROW FROM THE SEA

● Nella planimetria generale è indicato in colore il percorso fra le rocce che dal parcheggio scende al mare attraversando la casa. Nella pianta della casa il colore indica i molti angoli che essa offre al riparo, con diverse caratteristiche e funzioni. Nelle foto: uno dei percorsi esterni e una veduta dall'alto.

planimetria generale
site plan

La pendenza quasi costante del terreno e la presenza di diversi massi rocciosi hanno suggerito una articolazione dei volumi tale da trarre profitto degli spazi più liberi e ottenere la massima aderenza al terreno in ogni parte della casa. Ne è derivata una sequenza di vani disposti "a cascata" su diversi livelli in modo da formare un patio centrale non del tutto chiuso, nel quale si inserisce il piede di una grande roccia piatta e corrugata. Questa geometria articolata forma all'esterno una serie di angoli "intimi" o piccoli patii naturali che moltiplicano i punti di contatto fra uomo e ambiente. All'interno della case non vi sono corridoi e il collegamento della parte padronale con la camera degli ospiti, del tutto indipendente, si svolge attorno al patio centrale, all'aperto ma sotto la falda del tetto. Uno stretto e tortuoso sentiero discende alla casa, la attraversa in forma appena più geometrica, e prosegue fino a una mi-→

● *The pathway through the rocks, leading down past the house from the parking area to the sea, is shown in colour on the site plan. The various sheltered areas afforded by the house, together with their various features and purposes, are shown in colour on the house plan. Photos: one of the outdoor paths and a view of the house from above.*

bedroom and bathroom;
5. panoramic corner for guests; 6. corner for washing and drying clothes, hidden by oleasters; 7. central patio;
8. breakfast corner on the patio; 9. kitchen; 10. corner for gas cylinders and refuse;
11. two bedrooms and en suite bathrooms; 12. morning sun corner; 13. play corner with steps leading to rocks;
14. dining-living area;
15. fireside corner with couches; 16. large terrace overlooking the sea;
17. teatime and siesta corner on the large terrace.

sezione
section

pianta della casa
house plan

The basically constant gradient of the land and the presence of various rocky masses suggested articulating the volumes in such a way as to take advantage of the freer spaces and ensure that the entire house had as much ground contact as possible. The result is a sequence of rooms that tumble down over the various levels to form a central, partly open patio incorporating the foot of a huge flat rock. This articulated geometry forms a series of secluded corners outside, small natural patios that provide more points of contact between man and his surroundings. There are no corridors inside the house, and the completely independent guest bedroom is reached from the family's part of the house through the central patio, the overhanging roof providing shelter. A narrow, winding path leads down to the house, crossing it in slightly more geome-→

● Qui a sinistra: il soggiorno visto dal terrazzo grande; sullo sfondo il patio, visibile attraverso la grande apertura alle spalle del divano; sulla sinistra la piccola porta della cucina. In basso: ancora l'angolo del camino e dei divani visto dalla zona del pranzo; sulla destra della foto si nota il prolungamento del soggiorno sul terrazzo grande, sottolineato anche dall'identica pavimentazione in piastrelle di cotto; sulla sinistra, saliti i tre gradini, il percorso di collegamento fra le due camere da letto nelle ali e l'apertura verso il patio. A destra: il taglio del tetto corrispondente al patio centrale, visto dal terrazzino della camera degli ospiti. Nella pagina a lato: alla fine del sentiero in discesa, la piccola cala con le due costruzioni militari riadattate e il magnifico panorama marino.

● *Top: the living-rooms seen from the large terrace — the patio is visible in the background through the large opening behind the couch; left, the small kitchen door. Bottom: another view of the fireside corner and the couches seen from the dining area; on the right of the photo, the extension of the living-room out onto the large terrace, an effect further emphasized by the use of the same brick floor tiles; on the left of the photo, the three steps lead up to the passageway linking the two bedroom wings and the opening onto the patio. Right: the gap in the roof over the central patio, seen from the small terrace of the guest bedroom. Facing page: at the bottom of the path, the small cove with the two military constructions (now enjoying a new lease of life for siestas and picnics) and the magnificent view of the sea.*

← nuscola cala sul mare, stretta fra una enorme roccia e una banchina militare abbandonata. Sulla banchina sono rimaste due piccole costruzioni militari — un posto di vedetta della prima guerra mondiale e una batteria della seconda — oggi usate per la siesta e la colazione al mare. Anche questo luogo, come le propaggini dei patii e dei terrazzi fra rocce e cespugli, è un ulteriore elemento che lega, non solo simbolicamente, l'abitazione al sito. La struttura muraria della casa è di blocchetti di cemento. I volumi principali sono coperti da un tetto a falda unica che ha la stessa pendenza del terreno, mentre i tre bagni e la cucina hanno coperture piane. L'intonaco, ruvido all'esterno e fine all'interno, è dovunque di un colore verde oliva chiaro che riprende i toni dei cespugli e dei licheni delle rocce.

← *tric fashion and continuing on down to a tiny cove nestling between an enormous rock and a disused military wharf, on which two small military constructions remain — a look-out post from the first world war and a second world war battery — both used these days for siestas and seaside picnics. Like the various patio and terrace, offshoots in among the rocks and the shrubbery, this place is a further link with the site. Concrete slabs have been used for the walls of the house. The main volumes are covered by a sloping roof whose pitch follows the inclination of the ground, while the three bathrooms and the kitchen have flat roofs. The plasterwork, rough on the outside and smooth on the inside, is coloured pale olive green throughout to blend in with the shades of the shrubs and the lichen on the rocks.*

AT A STONE'S THROW FROM THE SEA

A LARGE WHITE SPACE

Un grande spazio bianco

Un luogo di lavoro un po' speciale — un atelier di pittura — in un ampio cortile nella zona che viene chiamata la Chinatown di Milano. Sono ancora molti i cortili di questo genere, che riunendo attorno a sé in un unico insieme alloggi popolari e piccole fabbriche e laboratori artigianali esprimevano con la loro configurazione il carattere della "laboriosa" Milano. In questo cortile si trovano su tre lati case di ringhiera (ora ristrutturate per un diverso tipo di abitanti) e sul lato sinistro un corpo lungo e stretto a due piani oltre il piano terreno, costruito nel 1887 per ospitare una distilleria fornitrice dell'esercito. Molte attività si sono susseguite nel tempo entro i locali della ex distilleria: un deposito di riso, la sede di uno spedizioniere, botteghe di artigiani e laboratori vari. Oggi il loft del secondo piano, lungo 60 metri, largo 5,50 e illuminato da una schiera di ben quindici finestroni, è occupato dallo studio di pittura di Roberto Sambonet. La struttura originaria a spazio aperto è stata rispettata: la lunga parete cieca è usata per appendere ed esporre i lavori finiti, mentre lo spazio centrale è organizzato simmetricamente in più zone — disegno, pittura, archivio delle tele, ecc. — idealmente separate da gruppi di cavalletti.

● *A rather special workplace — the atelier of a painter — in a spacious courtyard in the area referred to as the Chinatown of Milan. Courtyards of this type still abound to this day. They used to group together working-class dwellings, small factories and craftsmen's workshops with a configuration that testified to the industrious character of the city. This particular courtyard is bounded on three side by blocks of apartments (all of them now gentrified) with communal galleries running their length, and on the fourth side by a long, narrow, two-storey block, originally built in 1887 to house a distillery that provided the army with spirits. Since then, many a trade has been carried out within its walls: at one time it was a rice granary, then a forwarding agent's office, and then workshops of various kinds. Today, the second-floor loft, an impressive 60 metres in length and 5.50 in width, and illuminated by a row of no less than fifteen large windows, has become the studio of Roberto Sambonet. The original open layout has been preserved: the long blind wall is used for hanging finished paintings, while the central space is divided by groups of easels into different areas — one for drawing, one for painting, one for filing canvases, and so on.*

● Nella foto piccola: Roberto Sambonet fra alcune delle sue opere. A destra: altri ritratti appoggiati ai cavalletti nella zona centrale del loft. Il pavimento grigio è di cemento verniciato.

● *Small photo: Roberto Sambonet standing amongst examples of his work. Right: more portraits standing on easels in the centre of the room. The grey floor is painted concrete.*

A LARGE
WHITE SPACE

● Per arredare questo suo grande spazio bianco Sambonet ha scelto librerie, tavoli e sedie di Alvar Aalto. Per le poltrone e le chaise-longue si è invece sbizzarrito fra varie epoche, stili e designers (Impero, coloniale, cinese, Thonet, Franco Albini, ecc.). Ha introdotto poi carrelli industriali di ferro (progettati nel 1948 da Carlo Pagani per La Rinascente), lampade di Piero Castiglioni (Fontana Arte) fissate alle pareti fra i finestroni, e ventilatori a pale (Vortice) al soffitto. L'unica divisione nello spazio aperto l'ha ottenuta mediante una quinta muraria che isola parzialmente il primo tratto adibito a ingresso, studio, pranzo e biblioteca (foto piccola e foto in basso). Verso l'atelier, al di là del muro di quinta e del montacarichi che collega il loft al piano terreno, un'amaca bianca disposta in diagonale serve per distendersi e rilassarsi (foto in alto).

● Sambonet's choice of furnishings for this huge white space: bookcases, tables and chairs by Alvar Aalto. But where armchairs and chaises-longues are concerned, he has opted for a random selection of styles, periods, and designers (i.e. Empire, colonial, Chinese, Thonet, Franco Albini, etc.). He has also installed industrial iron trolleys (designed by Carlo Pagani in 1948 for La Rinascente), wall lamps (by Piero Castiglioni for Fontana Arte) between the windows, and Vortice ceiling fans. A dwarf wall partially isolates the initial section of the space, which serves as foyer, study, dining area and library (small photo and photo on the left). The atelier proper is on the other side of the dwarf wall, which is flanked by a goods hoist for connecting the loft to the ground floor; a white hammock hangs diagonally here (top), an invitation to anybody wanting to take the weight off their feet.

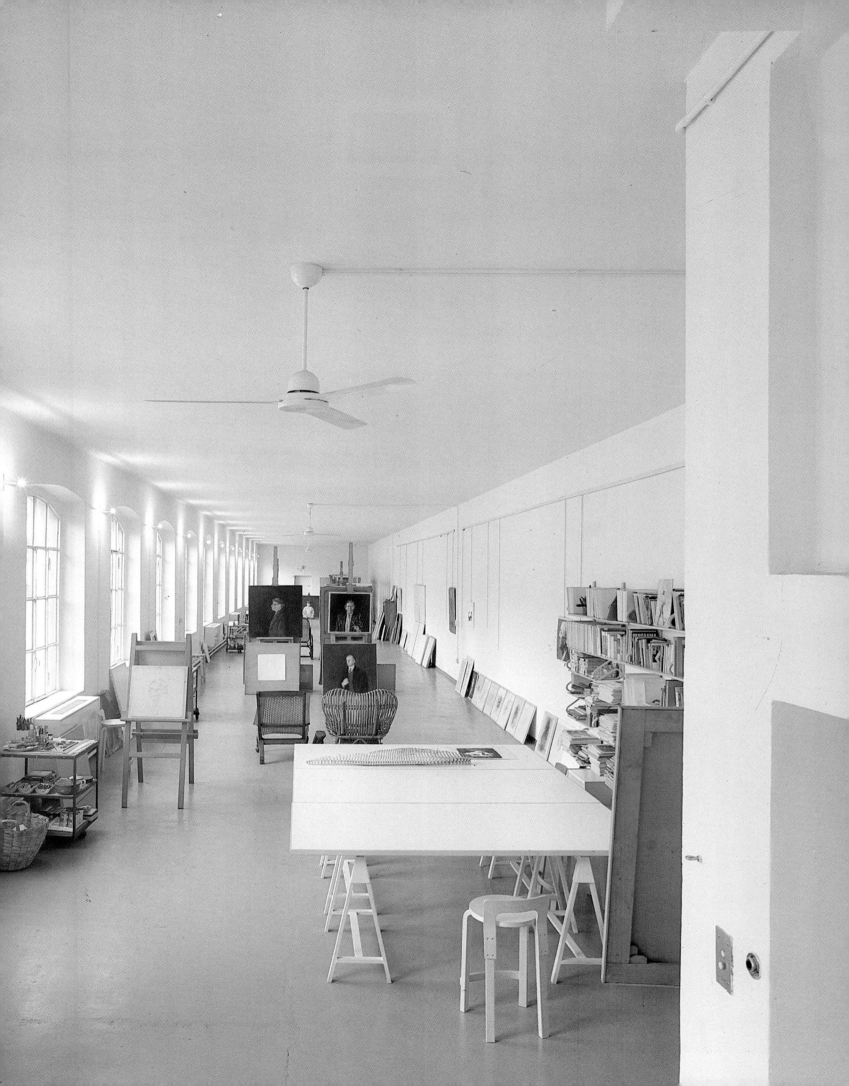

A LARGE WHITE SPACE

● Eterno problema
di un pittore quello
dell'archivio e della
conservazione delle tele.
Qui, non mancando lo
spazio, esse sono state
sistemate con ordine in
capaci scaffalature
disposte al centro,
nell'ultimo tratto della
grande aula. Resta
comunque l'agio di poter
letteralmente passeggiare
senza uscire dal loft,
godendo la riposante
purezza del paesaggio
interno.
● *Storing and filing
canvases is a problem
most painters have to
contend with. Space is not
a problem here, so
Sambonet has been able
to stack his works tidily
on capacious, centrally
positioned shelves at the
far end of the atelier.
The finished result is a
restful space in which
there is ample room to
wander about and enjoy
the works on display.*

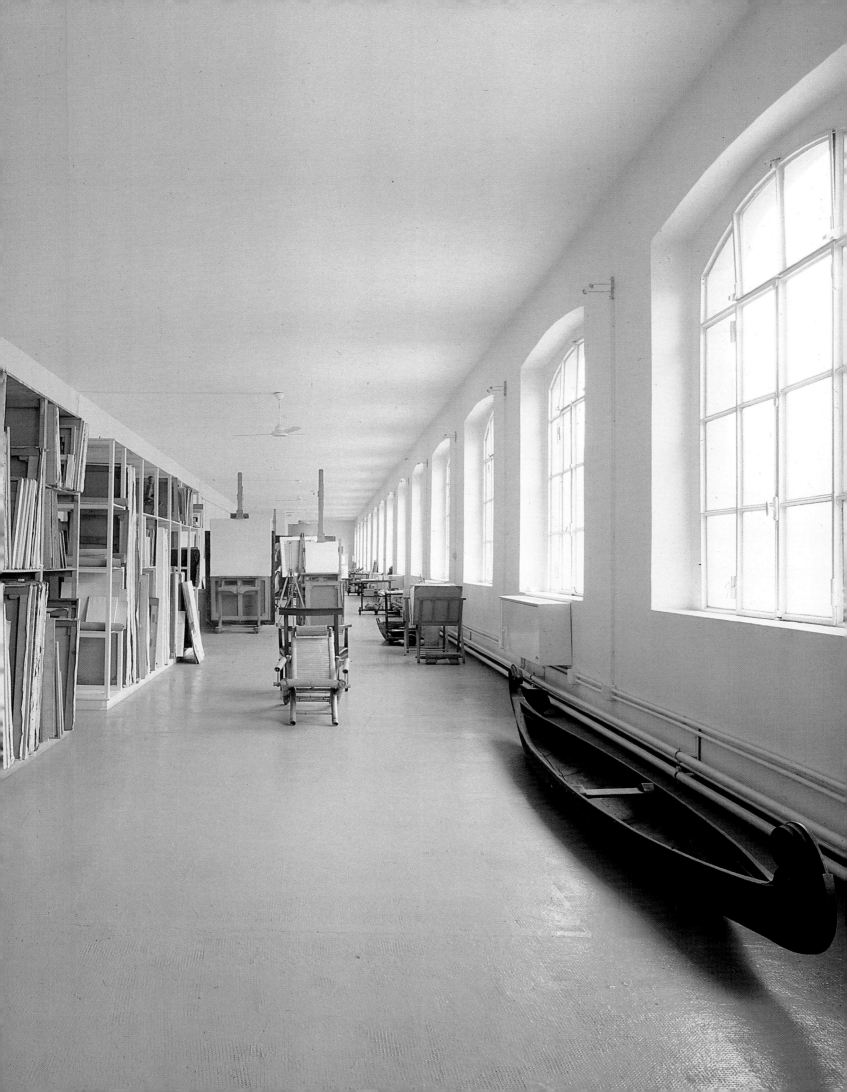

THE CERERE PASTA FACTORY AND THE NEW ARTISTS' ATELIERS

Il pastificio Cerere e i nuovi atelier degli artisti

Ai primi del Novecento — tempo di industrializzazione iniziale in una società sostanzialmente agricola come quella italiana di allora — un pastificio, anzi una "semoliera-pastificio", poteva benissimo essere intitolato a Cerere, dea delle messi. E Cerere rimane il nome di questo complesso di edifici e cortili, che con le sue facciate ancora decorose benché segnate dagli anni gira su tre lati — via Tiburtina, via degli Ausoni, piazza dei Sanniti — a Roma, nel quartiere San Lorenzo. Abbandonata nel 1960, la Cerere è un esempio di riconversione di un edificio industriale portata avanti a poco a poco, un po' in sordina, senza proclami: in una quindicina d'anni, infatti, la fabbrica è venuta ripopolandosi spontaneamente in modo molto "specializzato" e vede oggi tutti i suoi locali nuovamente occupati soprattutto da studi di artisti — una trentina. Nel proprio spazio preso in affitto ognuno è intervenuto in misura maggiore o minore, ripulendo e risanando e facendo rivivere i bellissimi loft. Certo le parti comuni sono rimaste neglette, ma questo è uno sforzo che forse non compete interamente agli affittuari.

●

Turn-of-the-century Italy saw the beginnings of industrializaion in what was basically an agricultural society, so it was hardly surprising if a pasta factory (with combined flour mill) was named after Ceres, the Roman corn-goddess. The complex of buildings and courtyards still retains the divinity's name in Italian — Cerere — to this day. Marked by the years, yet dignified nonetheless, the façades run along three sides — Via Tiburtina, Via degli Ausoni, and Piazza dei Sanniti — in Rome's San Lorenzo district. Abandoned in the 1960s, the Cerere building is an example of the gradual, low-key conversion of an industrial building. The last fifteen years have seen it being reoccupied, slowly but surely, and today some thirty people — artists for the most part — have set up studios inside it. Each tenant has cleaned up and restored his own particular space to different degrees, giving the handsome loft spaces a new lease of life. True, the common areas have been neglected, but maybe that isn't really part of a rental tenant's responsibilities after all.

THE CERERE PASTA FACTORY AND THE NEW ARTISTS' ATELIERS

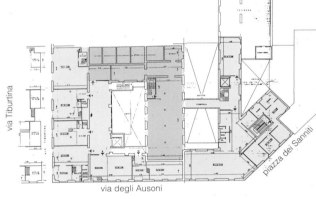

pianta generale
del complesso
(terzo piano
del corpo 1,
quarto piano
dei corpi 2 e 3)
azzurro = corpo 1
viola = corpo 2
rosa = corpo 3
plan
of the complex
(third floor
of building 1,
fourth floor of
buildings 2 and 3)
blue = building 1
violet = building 2
pink = building 3

via Tiburtina

via degli Ausoni

piazza dei Sanniti

L'edificio

La Cerere – la più antica delle tre fabbriche maggiori del quartiere San Lorenzo (le altre sono la vetreria Sciarra e la fabbrica della Birra Wührer) – è senz'altro il reperto di archeologia industriale più importante di quest'area. Fondata nel 1905, l'anno successivo l'azienda affidò all'ingegnere Pietro Satti il progetto per la realizzazione della propria sede modificando e riadattando due corpi di fabbrica preesistenti: un edificio residenziale a due piani costruito nel 1898 tra la via Tiburtina e la via degli Ausoni e un parallelo edificio industriale a quattro piani del 1893. Il progetto proponeva la chiusura a blocco del complesso, mantenendo sulla Tiburtina il fronte a due piani. La prima versione non venne approvata per la scarsa qualità dei prospetti. Nelle modifiche successive l'edificio arrivò a quattro piani sulla Tiburtina, costruiti in muratura di mattoni e colonne di ghisa, mentre un terzo del cortile posteriore venne occupato da un grande ballatoio coperto. Nel 1912 vennero edificati in cemento armato altri due piani sulla strada interna e uno ancora sulla Tiburtina nonché, dopo una lunga disputa con la commissione edilizia, la copertura a mansarde sulla via degli Ausoni; venne costruito inoltre un nuovo fabbricato che si affacciava parzialmente sulla piazza dei Sanniti. Una cinquantina di anni dopo, nel 1960, il pastificio cessò l'attività e il complesso venne abbandonato; solo alcuni dei suoi molti locali furono usati come magazzini da affittuari privati. Ma nel 1975 qualcosa cambiò: cominciarono ad arrivare gli artisti. Un gruppetto composto dallo scultore Nunzio di Stefano, dai pittori Walter Gatti e Giuseppe Gallo, e dallo scenografo Luigi Quintili trovò che la ex fabbrica offriva spazi molto adatti al loro lavoro, li prese in affitto, li ristrutturò e li trasformò in studi. Successivamente, dal 1978 al 1980, entrarono il pittore e scultore Luigi Campanelli, il fotografo Angelo Caligaris, il pittore argentino Oscar Turco. In questi anni si svolsero negli studi mostre dei singoli artisti su loro personale iniziativa. Nel 1983 arrivarono il pittore Gianni Dessì con la moglie, la pittrice americana Martha Boyden, i pittori Luigi Ceccobelli, Marco Tirelli e Pietro Pizzi Cannella, l'architetto Armando Sodi. Nel 1984 si tenne una mostra dal titolo *Ateliers*, ideata dal critico Achille Bonito Oliva e organizzata come percorso all'interno degli studi di sei artisti. Fra il 1984 e il 1985 altri arrivi: i pittori Luca Sanjust e Sabina Mirri, lo scrittore Javier Barreiro, il regista teatrale Alessandro Cassin. Nel marzo del 1987 inaugurò la sua attività, con la mostra *Goethe in Italia*, il Centro di Cultura Ausoni diretto da Italo Mussa e Arnaldo Romani Brizzi: vi si tengono mostre di fotografia, di pittura e di scultura, sfilate di moda, ecc. Negli ultimi due anni, infine, sono stati occupati tutti gli spazi disponibili, anche i seminterrati: la Cerere è al completo. È diventata una vera e propria "casa dell'arte", un punto di riferimento e di iniziative che sta acquisendo un buon rilievo nell'ambito dell'attività artistica romana.

The building

The Cerere building – the oldest of three major factory buildings in the San Lorenzo district (the others are the Sciarra glassworks and the Wührer beer brewery) – is undoubtedly the most important feature of the area's repertory of industrial archaeology. Founded in 1905, in the following year the company commissioned engineer Pietro Satti to create its premises by modifying and adapting two pre-existing structures: a two-storey residential building built in 1898 between Via Tiburtina and Via degli Ausoni, and a parallel, four-storey industrial building dating from 1893. The project called for the enclosure of the complex in a block, maintaining the two-storey front on Via Tiburtina. The first version of the project was not approved, due to the poor quality of the prospects. In the subsequent designs the building on Via Tiburtina grew to four storeys, with brick walls and cast-iron columns, while a third of the rear courtyard was taken up by a large covered gallery. In 1912 two floors in reinforced concrete were added to the inner building, one other to the building in Via Tiburtina, and a mansard roof – after a long dispute with the building commission – along Via degli Ausoni. Furthermore, another building was added, facing partially onto Piazza dei Sanniti. Almost 50 years later, in 1960, the pasta factory went out of business, and the complex was left empty; only a few of its rooms were used for warehousing by a small number of rental tenants. But things began to change in 1975, when the artists started to arrive. A small group consisting of sculptor Nunzio di Stefano, painters Walter Gatti and Giuseppe Gallo, and set designer Luigi Quintili discovered that the factory offered ideal work spaces, which they rented, renovated and made into studios. Between 1978 to 1980, they were joined by painter/sculptor Luigi Campanelli, photographer Angelo Caligaris, and Argentine painter Oscar Turco, who all settled there. Shows were held at the time in individual studios, on the initiative of the artists themselves. In 1983 the group was joined by painter Gianni Dessì and his wife, American painter Martha Boyden, painters Luigi Ceccobelli, Marco Tirelli, Pietro Pizzi Cannella, and architect Armando Sodi. In 1984 an exhibition entitled "Ateliers" was thought up by art critic Achille Bonito Oliva and organized as a tour of the studios of six of the artists. From 1984 to 1985 there were more arrivals: painters Luca Sanjust and Sabina Mirri, writer Javier Barreiro and theatre director Alessandro Cassin. The Ausoni Cultural Centre was opened in March 1987, with the inaugural exhibition Goethe in Italy. The space is managed by Italo Mussa and Arnaldo Romani Brizzi, and hosts exhibitions of photography, painting and sculpture, as well as fashion shows. The last two years have seen all the studios being occupied, including the semi-basement: there are no more vacancies in the Cerere building. It has become a genuine "house of art", a reference-point and centre of activity which is gaining importance in Rome's artistic circles.

● Nella foto alla pagina precedente: particolare della facciata su via Tiburtina. Nella pagina a lato: in alto, l'angolo fra via Tiburtina e via degli Ausoni; in basso, il fronte su via degli Ausoni e piazza dei Sanniti.

● Photo previous page: detail of the façade on Via Tiburtina.
Facing page: top, the corner of Via Tiburtina and Via degli Ausoni; bottom, side of the building facing Via degli Ausoni and Piazza dei Sanniti.

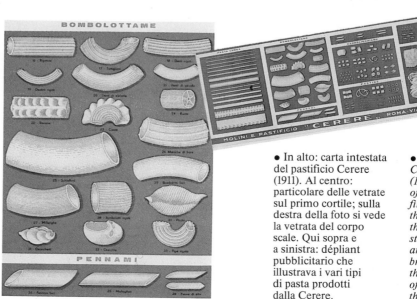

● In alto: carta intestata del pastificio Cerere (1911). Al centro: particolare delle vetrate sul primo cortile; sulla destra della foto si vede la vetrata del corpo scale. Qui sopra e a sinistra: dépliant pubblicitario che illustrava i vari tipi di pasta prodotti dalla Cerere.

● Top: letterhead of the Cerere pasta company (1911). Centre: detail of the windows on the first courtyard; on the right of the photo, the glassed-in part of the stairwell. Above and left: advertising brochure illustrating the different types of pasta made by the Cerere company.

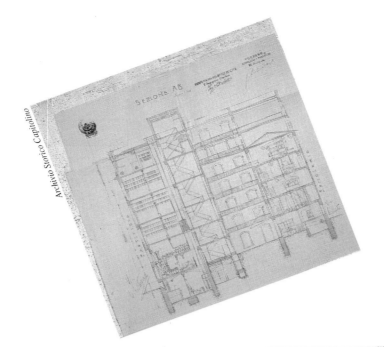

Archivio Storico Capitolino

THE CERERE PASTA FACTORY AND THE NEW ARTISTS' ATELIERS

● Nel disegno: sezione sul corpo scale e sul cortile nel progetto originale del 1911. Nella foto a sinistra: passerelle nel secondo cortile, fra i corpi 2 e 3. Le passerelle, costruite in tempi diversi, mettono in comunicazione corpi di fabbrica che in alcuni casi hanno i pavimenti ad altezze non combacianti. Pur rendendo piuttosto caotico l'aspetto dei cortili, esse tuttavia hanno contribuito a creare un sistema di percorsi verticali e orizzontali che consente di stabilire una relazione fra tutte le parti del complesso. Anche il primo cortile nel tempo ha accumulato modificazioni: attualmente esso ha come base la quota del secondo piano poiché nell'area sottostante furono costruiti alcuni locali illuminati da lucernari di vetrocemento. Un'altra aggiunta è costituita dal corpo scale che sostituì quello originale posto all'interno del ballatoio coperto; fu addossato a una parete del cortile coprendo alcune finestre che in alcuni punti ancora si intravvedono fra scalino e scalino.

● Top: section of the stairwell and courtyard in the original 1911 design. Left: catwalks in the second courtyard, between buildings 2 and 3. The walkways, constructed at different times, connect floors which are not always on the same level. Although they give the courtyards a somewhat chaotic appearance, they nevertheless contribute to create a system of vertical and horizontal access routes which connect all the parts of the complex. Over the yars the first courtyard has also seen its share of modifications: today it is on a level whith the second floor, as several rooms with glass brick skylights have been constructed underneath it. Another addition is the staircase that replaces the one originally inside the covered gallery. The new one was positioned along one wall of the courtyard, covering some of the windows (which in several points can still be seen between one step and the next).

Mauro Folci
scultore/*sculptor*
(corpo 1,
seminterrato
(*building 1,
semi-basement*)

L'ambiente è
caratterizzato dalla
struttura a volte bianche,
dalle piccole finestre
poste in alto, e da
colonne portanti di
ghisa. Una di esse è il
fulcro dello studio:
l'artista l'ha dipinta con
una vernice dorata, vi ha
disposto attorno un
tavolo da lavoro e ha
fissato alla sommità due
fari da esterno. Il
pavimento è di listoni di
legno non lucidato.
*The environment is
characterized by the
white vaulted ceiling
structure, the small,
high windows and the
supporting columns in
cast-iron. One of these
has become the focal
point of the studio: the
artist has painted it
gold, placed a
worktable around it
and attached two
outdoor spots to the
top. The floor consists
of unpolished wooden
planks.*

Carmine Tornincasa
scultore/*sculptor*
(corpo 1,
seminterrato)
*(building 1,
semi-basement)*

Ancora un soffitto a volte, ma più basso. La presa di luce sul fondo è costituita da un pannello orizzontale di vetrocemento inserito nel marciapiede esterno. Lateralmente c'è un'altra presa di luce ricavata sul perimetro esterno, in un punto antistante una scaletta (di cui nella foto a sinistra si vede la parte inferiore). La pavimentazione è di battuto di cemento.
Another vaulted ceiling, lower this time. Light enters from a horizontal glass brick panel inserted into the pavement outside. Another light source has been located in the building's perimeter, near a small flight of stairs (lower part shown in the photo on the left). The flooring here is concrete.

←

Giorgio Vigna →
designer-orefice/
designer-goldsmith
(primo piano)
(first floor)

Questo studio (foto qui sopra e a destra) occupa alcuni locali nella zona ottenuta in tempi passati dalla copertura del primo cortile. Il pavimento è stato rifatto a parquet, mentre la travatura di legno del soffitto è stata semplicemente un po' scrostata e ripulita. Le colonne e le travi di ghisa sono dipinte di bianco. L'arredo: una mensola di vetro, un divano e due poltrone su cui sono stati gettati dei teli di tessuto, un mobile da lavoro tutto a cassettini in cui sono riposti schizzi, disegni e prototipi di gioielli.
This studio (top and top right) occupies several rooms in the area which was obtained long ago, when the first courtyard was covered over. New parquet flooring has been laid, while the beams across the ceiling have merely been scraped and cleaned. The cast-iron columns and girders have been painted white. Furnishings: glass shelves, a couch and two armchairs with loose fabric drapes, and a drawer unit for storing sketches, designs and prototypes of jewelry.

THE CERERE PASTA FACTORY AND THE NEW ARTISTS' ATELIERS

Galleria Ausoni
(corpo 2,
terzo piano)
*(building 2,
third floor)*

Un interno elegante
(foto in basso):
pavimento di legno
verniciato piuttosto
scuro, pareti bianche,
controsoffitto bianco al
di sopra del quale
passano i cavi
dell'impianto elettrico,
colonne verniciate di
nero.
*An elegant interior
(bottom): wood floors
painted in a dark
shade, white walls,
white false ceiling with
electrical cables
running above it, and
black-painted columns.*

←

Luigi Quintili
scenografo/
scenographer
(corpo 2,
quarto piano)
*(building 2,
fourth floor)*

Le due foto qui a destra
mostrano lo studio dello
scenografo in due
momenti. Nella foto in
basso come è
normalmente, con
mobili misti da casa e da
lavoro, colonne smaltate
di bianco lucido, soffitto
e pareti bianchi, tende
doppie bianche
all'interno e blu contro i
vetri; nella foto in alto
come si presentava
quando vi era montata
una scenografia
realizzata da Quintili su
commissione della
scenografa Maurizia
Narducci per il film
televisivo "Piccole
donne oggi" del regista
Gianfranco Albano, di
cui alcune scene furono
girate qui.

*The two photos on the
right show the set
designer's studio in two
different moments.
Bottom, the normal
state of the studio, with
a mixture of furnishings
for working and living,
columns painted in
glossy white enamel,
white walls and ceiling,
double curtains (white
on the inside, blue next
to the glass). Top, the
studio transformed into
a set commissioned
from Quintili by
Maurizia Narducci for
the television
production "Piccole
donne oggi", directed
by Gianfranco Albano,
of which some of the
scenes were shot here
in Quintili's studio.*

Armando Sodi
architetto/*architect*
(corpo 1,
terzo piano)
*(building 1,
third floor)*

In questo angolo dello
studio di architettura
è la finestra che attira
il primo sguardo. Poi
l'occhio passa al
pavimento di cotto, alla
composizione grigia
che spicca sulla parete
bianca, al ventilatore
a stelo degli anni
Quaranta, al vecchio
vogatore di legno, e al
gruppo "nero" poltrona-
macchina per scrivere-
piano d'appoggio con
gambe a vite,
quest'ultimo certo un
frammento di qualche
attrezzatura industriale.
*In this corner of the
architecture studio, the
window is the first thing
that attracts the eye. The
next thing the visitor
notes are the terracotta
flooring, the grey
composition standing
out on the white wall,
the 1940s floor fan,
the old wooden rowing-
machine, and the
"black" group of
armchair-typewriter-
worktop with screw-on
legs, this latter obviously
a part of some kind of
industrial apparatus.*

**THE
CERERE
PASTA
FACTORY
AND
THE NEW
ARTISTS'
ATELIERS**

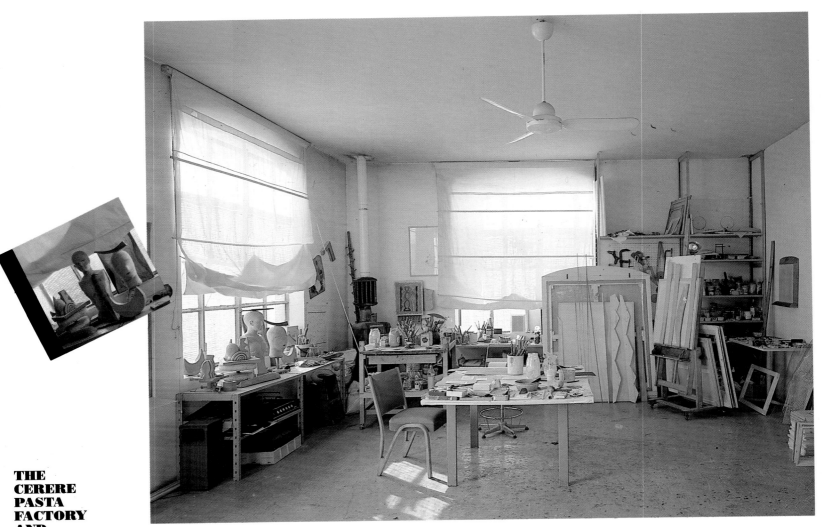

**THE
CERERE
PASTA
FACTORY
AND
THE NEW
ARTISTS'
ATELIERS**

Luigi Campanelli
pittore e scultore/
painter and sculptor
(corpo 1,
quinto piano)
*(building 1,
fifth floor)*
←

In un'altra parte
dell'edificio Luigi
Campanelli ha un locale
di deposito. Questo è il
suo studio (foto a
sinistra), con i due
finestroni sui due lati che
danno tutta la luce
necessaria, filtrata e
dosata dalle tende
bianche. All'estremità
opposta, che non si vede
nella foto, c'è una zona
soppalcata con il bagno e
una piccola cucina e,
nella parte superiore, un
letto.
*Luigi Campanelli has a
storage room in another
part of the building.
This is his studio (facing
page, top), with two
large windows on the
two sides which provide
all the light that is
needed, filtered and
controlled by white
curtains. At the opposite
end (not shown in
photo) there is a
platform area with a
bathroom and small
kitchen underneath, and
a bed overhead.*

Alessandro Cassin
regista/*director*
(corpo 2,
sesto piano)
*(building 2,
sixth floor)*
←

Non più colonne di ghisa
ma pilastri di cemento
armato e il volume
movimentato
dall'inclinazione della
copertura. Questo studio
(foto a sinistra) si trova
all'ultimo piano del corpo
su via degli Ausoni
*Instead of cast iron
columns, this space has
reinforced concrete
pillars; the volume is
given a sense of
movement by the slant of
the roof. This studio
(facing page, bottom) is
on the top floor of the
building on Via degli
Ausoni.*

Ditta Marbaglass
(corpo 3,
quarto piano)
*(building 3,
fourth floor)*

Concludiamo questo
excursus all'interno del
complesso con la sede di
una ditta artigianale che
produce vetri per
industrie e istituti
scientifici. Insieme ad
altri tre o quattro
laboratori costituisce
ormai il "gruppo di
minoranza" nel nuovo
panorama abitativo,
quasi a testimoniare le
varie vicende e passaggi
che dai primi anni del
secolo a oggi hanno
trasformato e al tempo
stesso tenuto in vita la
vecchia Cerere.

*Our last stop on this
guided tour of the
interior of the complex
is the premises of an
artisan firm which
makes glass products
for industry and for
scientific institutes.
Together with three or
four other such
workshops it forms a
minority group in the
newly residential
building, a kind of
testimony to the various
changes which have
affected the Cerere
building over the years,
helping it to survive.*

Un brulichio di colore, uno strano villaggio dagli allegri tetti colorati e cangianti appare da lontano nel paesaggio basso della pianura veneta, in un punto sfiorato dall'antica strada Postumia. Il villaggio è in realtà un luogo di lavoro, la sede centrale e il "cervello" dell'organizzazione Benetton, ramificata in tutto il mondo. Ed è anche il frutto di un lavoro in progress degli architetti Afra e Tobia Scarpa iniziato nel 1965 con la costruzione dello stabilimento e proseguito a partire dal 1969 con il restauro degli uffici. Negli anni successivi l'azienda, come è noto, si è enormemente sviluppata e di conseguenza è stato necessario ampliare e riorganizzare gli spazi. Gli architetti sono dunque nuovamente intervenuti con una progettazione quasi quotidiana in cantiere risolvendo i problemi, com'è nel loro stile di lavoro, via via che venivano alla luce in relazione a ciò che già esisteva e al mutare delle esigenze dell'azienda. Essi non credono nelle ragioni della costruzione puramente industriale e per la loro sensibilità sono sempre portati a integrarla in un paesaggio che serbi in sé le memorie del luogo. Siamo nel Veneto: perciò acque, colori, casette, simmetrie, un che di giocoso, percorsi a piedi qualche volta un po' accidentati ma vari, bei muri di recinzione, un ordine molto disegnato e molto italiano — qualcosa insomma che dia alla gente un tipo di vita lavorativa simile a quella normale, qualcosa che è più importante della pura funzionalità, e meno alienante. Certo qui, dove si creano i prototipi delle maglie e degli abiti Benetton, la situazione in questo senso era favorevole, per il tipo di committente e il tipo di maestranze. E perciò anche gli interni sono particolari: mai enfatici o freddi, ma leggeri, allegri e stimolanti, fatti con gli stessi materiali e gli stessi colori degli esterni e sempre in un gioco di richiamo fra il dentro e il fuori e viceversa, e sempre molta attenzione per chi vive la sua giornata dentro questi ambienti.

BENETTON, AT PONZANO VENETO, ITALY

Ponzano Veneto, Italia: Benetton

Afra and Tobia Scarpa,
architects
with
the collaboration
of Piero Greggio
(engineer),
of Adriano
Lagreca Colonna
(architect),
and of the Area
Ingegneria
e Manutenzione
Benetton
(Eugenio
Tranquilli,
engineer)

When driving along the low-lying Veneto plain, in the area bordered by the ancient Roman road to Postumia, this rather odd-lying village with its gaily coloured roofline can be spotted from far off in the distance. It is, in fact, the headquarters and nerve-centre of the Benetton organization, which now has branches all over the world. It also represents the current state of work in progress by architects Afra and Tobia Scarpa, begun in 1965 with the building of the factory hangar and resumed in 1969 with the restoration of the nearby villa and its conversion into offices. Since then, as everyone knows, the company has expanded enormously, with the result that its buildings have had to be enlarged and redesigned. The architects were called in once again and set about things in their usual way, dealing in situ on a virtually day-to-day basis with the problems that emerged in relation to the existing site and to the changing needs of the company. The Scarpas remain unconvinced by purely industrial concepts of construction; their instinct and sensibility have always led them to seek ways of integrating what they build into sites that incorporate the historical memories of places. This is the Veneto region in Northern Italy and the architects have drawn inspiration from its water, colour, small houses, footpaths meandering through the countryside, attractive boundary walls — a very Italian combination of symmetry and irregularity. The landscape they have created for the factory grounds somehow blurs the distinction between the life of work and the life outside by pointing to those values which are more important and less alienating than those of mere funcionality. The conditions obviously proved to be favourable on account of the type of client and the type of person who works here — only prototypes and not the regular line of Benetton's clothing and knitwear are created here. The resulting interiors are distinctively light, cheerful and stimulating, with none of the chilly oppressiveness of ordinary workplaces.

A. ingresso e portineria;
B. complesso antico (villa, barchesse e vigna) con muro di cinta in pietra;
C. prato con parcheggio sotterraneo per 600 automobili e rampa centrale di accesso; D. scala che scende al parcheggio;
E. scavo ad "anfiteatro" per dare luce al piano sotterraneo del SIB (Sistemi Informatici Benetton);
F. mensa; G. SIB;
H. area prodotto (sulla destra, una zona di ampliamento con pensilina laterale);
I. area commerciale;
K. area amministrativa;
L. prato che copre l'area dei negozi e della strada sotterranei;
M. "casette" che ospitano gli uffici stampa, marketing e comunicazione, organizzazione e sviluppo, l'ufficio estero, ecc.

A. entrance and porter's lodge;
B. original complex (villa, sheds and vineyard) with stone boundary wall; C. turf with underground parking for 600 cars and central access ramp;
D. staircase leading to parking;
E. amphitheatre-shaped lighting well illuminating the basement floor of BCS (Benetton Computer Systems);
F. canteen;
G. BCS;
H. products area (on the right, an extension with overhang on one side); I. marketing department;
K. administration;
L. lawn covering underground boutiques and road;
M. "houses" containing press, marketing, communications, organization and development offices, foreign department, etc.

● In questa foto: sotto il grande prato in primo piano c'è un parcheggio per seicento automobili del quale si vedono sia la rampa di discesa sia la copertura della scala, molto riconoscibile per la sua forma a ellisse un po' inclinata rivestita di scandole di Inox, un acciaio inossidabile brevettato dal colore cangiante. I muri delle parti nuove sono costruiti con blocchetti di argilla espansa delle dimensioni di cm 50x20 e di diversi spessori, disposti in corsi rosa e grigi; hanno sempre uno zoccolo di cemento grigio alla base, alto 20 centimetri, e una uguale fascia superiore di chiusura. Un muro cosiffatto, con un tetto di acciaio inossidabile rosso e una pensilina laterale, si vede oltre il muretto basso all'estremità destra di questa foto: contraddistingue infatti un ampliamento del capannone.

BENETTON, AT PONZANO VENETO, ITALY

modellino del complesso
model of complex

● *In this photo: the foreground expanse of lawn covers a parking area for 600 cars; the access ramp can be seen, as well as the distinctive tilted elliptical staircase roof with its multicoloured covering of patented Inox tiles (a type of stainless steel). The walls enclosing the new buildings are made from 50x20 cm expanded brick blocks of varying thickness* *laid in pink and grey layers resting on 20 cm grey concrete supporting layers. The walls are capped with a final layer of grey concrete. Another similar wall with a red stainless steel roof and an overhang to one side can be seen beyond the low wall in the far right of the photo; it is part of a factory extension.*

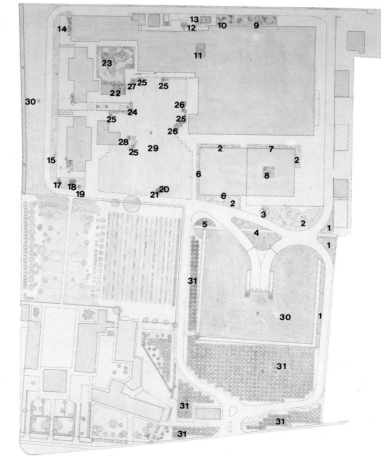

pianta
del complesso
con le specie
botaniche scelte
per le zone
esterne (davanti
alla vecchia villa
esisteva già
una vigna)
*plan of complex
with the botanical
species chosen
for external areas
(the old villa
already had its
own vineyard)*

1. Calycanthus praecox, Laurus cerasus;
2. Cotoneaster repens;
3. Bambusa nigra, Hedera;
4. Rosmarinus officinalis;
5. Pirus e Crataegus;
6. Pittosporum;
7. Azalea japonica;
8. Ginkgo, Corylus, Cotoneaster;
9. Hydrangea hortensia;
10. Bambusa nigra, Jasminum nudiflorum;
11. Calycanthus, Cytisus, Bambusa, Hypericum;
12. Wisteria chinensis;
13. Piselli odorosi (Lathyrus);
14. Nymphaea;
15. Lavandula, Santolina, Thymus, Hedera arborescens;
16. siepe di Ligustrum japonicum;
17. Salix babylonica;
18. Quercus ilex;
19. Fagus purpurea;
20. Ulmus pumila;
21. Fagus silvatica;
22. Punica granatum, Rosa banksiae;
23. Rosa selvatica, Jasminun nudiflorum;
24. Citrus triptera, Cotoneaster repens;
25. Thymus, Mentha;
26. Rosa selvatica;
27. Rosai rampicanti;
28. Cotoneaster, Salix floccosa;
29. Trifolium, Dicondra;
30. prato con fiori perenni;
31. boschetto di Liquidambar, Ginkgo, Carpini, Aceri;
32. fasce di prato colorate;
33. Limoni, Aranci.

BENETTON, AT PONZANO VENETO, ITALY

● La foto mostra l'intersecarsi delle varie parti del grande capannone, così come si presenta dopo l'ampliamento e la ristrutturazione. Si nota il disegno arcuato delle testate dei lucernari a volta che si susseguono sottolineate da "pennellate" di Inox ross-viola. In primo piano si vede un esempio della pavimentazione esterna in ghiaino lavato con giunti costituiti da una, due o tre strisce di porfido; in alcune zone la pavimentazione è tutta in cubetti di porfido. Si nota inoltre il muretto grigio e rosa di contenimento di una zona a prato; sotto questo prato c'è un'altra vasta area sotterranea in cui, lungo una strada centrale, sono schierate le vetrine dei negozi-campione proposti a chi entra a far parte dell'organizzazione Benetton.

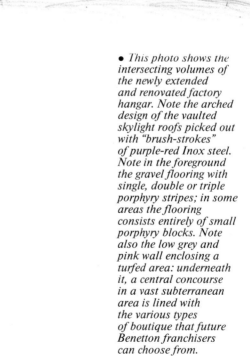

● This photo shows the intersecting volumes of the newly extended and renovated factory hangar. Note the arched design of the vaulted skylight roofs picked out with "brush-strokes" of purple-red Inox steel. Note in the foreground the gravel flooring with single, double or triple porphyry stripes; in some areas the flooring consists entirely of small porphyry blocks. Note also the low grey and pink wall enclosing a turfed area: underneath it, a central concourse in a vast subterranean area is lined with the various types of boutique that future Benetton franchisers can choose from.

● Nella foto grande: l'interno di quella parte del capannone denominata "area prodotto". Qui vengono studiati i modelli e messi a punto i prototipi. I posti di lavoro sono suddivisi da muretti modulari a forma di "I" realizzati con gli stessi blocchetti di argilla espansa usati per i muri esterni. Il problema del passaggio dei cavi degli impianti elettrici, telefonici, dei computer, ecc. è stato risolto raggruppandoli dentro tubi gialli flessibili (di tela plasticata con anelli di irrigidimento) che scendono dal soffitto – un segno che caratterizza molto il paesaggio interno. La luce naturale entra dai lucernari visti dall'esterno nella foto alla pagina precedente. Il pavimento è di cemento al quarzo, lisciato ed "elicotterato". Una porzione di questo capannone è soppalcata; sul soppalco, per limitare il peso, i divisori sono della stessa forma e dimensione dei precedenti, ma di legno colorato (foto piccola). Nella foto a destra: il grande corridoio di disimpegno all'interno del capannone, trattato come una strada.

● *Large photo: the interior of the "products area" of the factory hangar, where patterns and samples are designed and made up. The I-shaped modular walls separating the work stations are made from the same expanded brick blocks as the outside walls. The problem of how to install power lines, phone and computer leads and other cabling has been solved by bunching them inside flexible yellow tubes (plastic-coated canvas with stiffening rings) that snake down from the ceiling to add a distinctive touch to the interior vista. One area of the factory hangar has a platform, and in order to reduce weight on this the partitions have been made of wood (top photo); they are, however, exactly the same shape and size as the partitions on the main floor. Photo on the right: the broad access corridor running down the centre of the factory hangar.*

schizzo dei divisori fra i posti di lavoro al piano terreno del capannone *sketch of partitions dividing work stations on the ground floor of the factory hangar*

77

BENETTON, AT PONZANO VENETO, ITALY

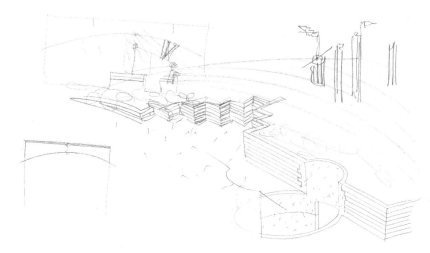

● Alla "città" sotterranea dei negozi si arriva per due percorsi. Uno è costituito da una scala il cui vano è ricavato presso il muro dell'"area prodotto", alla cui base – vedi la foto a sinistra – c'è una incavatura, come un'unghiata, che dà rotondità al vano stesso. L'altro accesso è all'estremità opposta ed è più avventuroso. Infatti, scesa una rampa di scala, ci si trova ad attraversare un corso d'acqua su una passerella; ma, prima di arrivare al termine di questa passerella e scendere i quattro gradini rivestiti di legno antiscivolo che portano al livello della strada sotterranea fra i negozi, si vede pararsi davanti agli occhi un muro d'acqua (si osservi la foto alla pagina a lato), sottile come un velo ma sconcertante perché apparentemente insuperabile; invece il passaggio di una persona fa scattare un comando, e il muro d'acqua si apre d'incanto per poi richiudersi subito dopo.

● *The underground boutiques can be reached in two ways. First, a staircase has been installed near the wall of the "products area"; the base of the wall (photo on left) has been scooped out to produce a circular stair well. The other means of access, at the far end from the staircase, is rather more adventurous. After going down a stair ramp, the visitor crosses a sheet of water by means of a footbridge. However, before reaching the end of this bridge and descending the four non-slip wooden steps to the level of the underground concourse with the boutiques, you are suddenly confronted by a disconcerting veil-like wall of water (facing page) which appears to prevent you from continuing any further. However, an automatic switch causes the wall of water to open as if by magic when anyone approaches, and to close again afterwards.*

BENETTON, AT PONZANO VENETO, ITALY

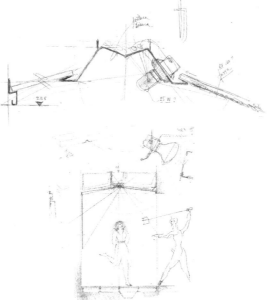

● Ed eccoci infine alla strada sotterranea e alle sue metamorfosi. È una strada ampia, con una pavimentazione in graniglia di quarzo su cui la luce provoca un brillio discreto e diffuso, con marciapiedi che corrono lungo le vetrine dei negozi-campione e con il soffitto arcuato che riproduce dal vero la volta celeste (vedi la foto grande a destra). Ma poiché questo spazio viene usato anche per le sfilate di presentazione dei modelli o per riunioni numerose, lo scenario è fatto in modo da poter essere cambiato rapidamente. Il pavimento si alza in varie piattaforme indipendenti azionate da motori fino a un'altezza di 70 centimetri, le vetrine sono nascoste da tendaggi scorrevoli scuri, i marciapiedi ospitano file di sedie, il cielo si apre e scopre batterie di riflettori (nelle foto piccole a sinistra si vedono alcuni esempi delle possibili trasformazioni). Dopo il canale "veneziano" con i suoi ponti sottili, dopo il cangiare dei tetti colorati, dopo la passerella e la parete d'acqua a sorpresa, anche qui, in questa strada, gli architetti hanno messo il sigillo della loro fantasia.

● *Here we come at last to the broad underground concourse and its many metamorphoses. It has a lustrous crushed quartz floor, pavements flank the boutiques, and an arched roof reproduces the vault of heaven (large photo on right). However, since this space is used for fashion shows and many other kinds of meetings, the area has been deliberately designed for rapid transformation. Motors can raise the flooring by 70 cm into a number of separate catwalks, the display windows can be screened with dark sliding curtains, rows of chairs can be arranged on the pavements, and the ceiling opens to reveal clusters of reflectors (the small photos on the left give some idea of the transformation). As if their slender-bridged "Venetian" canal, their multi-coloured sequences of tiled roofs, and the footbridge with the unexpected wall of water were not already enough, the architects have once again given fantasy free rein here in the underground concourse of the Benetton complex.*

JAPAN

101 storie Zen,
Adelphi,
Milano, 1973

Nan-in, un maestro giapponese dell'era
Meiji, ricevette la visita di un professore
universitario che era andato da lui
per interrogarlo sullo Zen.
Nan-in-servì il tè.
Colmò la tazza del suo ospite, e poi
continuò a versare. Il professore guardò
traboccare il tè, poi non riuscì più a
contenersi. "È ricolma. Non ce n'entra più!".
"Come questa tazza", disse Nan-in
"tu sei ricolmo delle tue opinioni e congetture.
Come posso spiegarti lo Zen,
se prima non vuoti la tua tazza?".

•

*Nan-in, a Japanese schoolmaster in the Meiji
age, was visited by a university professor
who wished to question him about Zen.
Nan-in served tea. He filled his guest's cup
to the brim then kept on pouring. The professor
watched the tea spill over but it was soon more
than he could bear. "The cup is full.
It will not hold any more!"
"Just like this cup", said Nan-in, "you too are
brimming with your own opinions
and assumptions. How am I to explain
Zen to you unless you first empty your cup?"*

È frequente che nel tessuto urbano tormentato e stratificato di vecchie città o di città toccate da uno sviluppo rapido e abnorme si trovino spazi di risulta, frammenti dalla forma "impossibile" che la fame edificatoria spinge a sfruttare (dopo essersi procurati i non sempre facili permessi). Ed è questa forma che spesso stimola i progettisti a inventare soluzioni fuori dell'ordinario, con risultati che dimostrano come le limitazioni, lungi dall'essere soffocanti, possano talvolta servire da lievito. Tokio, città sovraffollatissima, da questo punto di vista è certamente una buona palestra, come dimostra il caso che qui presentiamo – un caso limite ma efficace al fine di esemplificare la nostra considerazione iniziale. Nella zona di Midorigaoka passa una linea ferroviaria sopraelevata che collega Tokio con Ohimachi. Ai lati della ferrovia c'è una strada alberata di ciliegi, dalla bella fioritura primaverile. A un certo punto il percorso della strada e quello della massicciata ferroviaria non corrono più paralleli ma creano un piccolo spazio a cuneo veramente al limite delle possibilità di sfruttamento. Ed è proprio qui che i progettisti dello Studio Amorphe, raccogliendo la sfida proposta da un lotto tanto stravagante, hanno creato una forma nuova per una casa unifamiliare che, per il suo aspetto quasi irreale, certamente non sfugge all'attenzione del passante anche frettoloso ed esprime simbolicamente certi aspetti del vivere metropolitano. Verso la ferrovia la costruzione presenta la barriera di un muro cieco di cemento a vista spesso 30 centimetri e però ingentilito dalla curva superiore che denuncia l'andamento di una copertura a volta. Verso la strada, sulla destra, un altro muro di cemento occupa una parte della facciata che poi continua verso l'estremità sinistra con due ampie vetrate ripetute al primo e al secondo piano. Il rigoroso – e obbligato – schema che si appuntisce a "V" presenta infine una piccola trasgressione, un risvolto, una specie di ricciolo: un muro curvo che partendo dalla estremità destra della facciata penetra nella casa per racchiudere la scala. Questo è il disegno geometrico di base (vedi le piante), ma a livello del piano terreno la casa offre anche, senza uscire dal suo perimetro triangolare, il conforto di un vano rientrante coperto da una pensilina entro il quale si può parcheggiare una piccola automobile o appoggiare qualche bicicletta.

TOKYO, THE AWKWARD LEFTOVER

Tokyo, il ritaglio limite

project
by
Studio
Amorphe

Cities that have grown up over centuries or in only a matter of years often contain a variety of oddly shaped leftover spaces. The need for housing means that these sites are snapped up by developers once planning permission has been obtained (with all the requisite rules and regulations). The very oddness of the spaces often inspires designers to devise the strangest solutions, and the results prove how limitations can enrich, rather than cramp, style. The overcrowded city of Tokyo is a perfect training ground from this point of view, as the example illustrated here demonstrates. It may be extreme as solutions go, but it certainly deserves to open this feature on leftover sites. The house is situated in Midorigaòka, through which the elevated railway connecting Tokyo with Ohimachi passes. The road on the north side of the railway line is planted with cherry trees, and when spring comes along they provide a riot of colour on the landscape. The road and railway converge at one point to form a wedge-shaped space which would normally seem unusable at first glance. Maybe so, but the designers at Studio Amorphe took up the challenge posed by the unusual site and created a new, strange form that even busy passers-by can't help noticing. It may look a bit out of this world, but it nonetheless symbolizes certain aspects of metropolitan living. On the south side, a 30 cm thick exposed concrete wall acts as a barrier to the railway, its harshness lessened by the curving top, the beginning of a vaulted roof. On the street front, the right-hand side is taken up by another concrete wall, while the left-hand side contains large windows on the first and second floors. The severity of the obligatory V shape is given relief by a "cowlick": a curved wall which starts out from the far right of the façade and then penetrates into the house, enfolding the staircase. This is the basic geometric pattern (see plans), yet the ground floor – without ever transgressing its triangular perimeter – also includes a covered recess providing parking for a small car or a couple of bicycles.

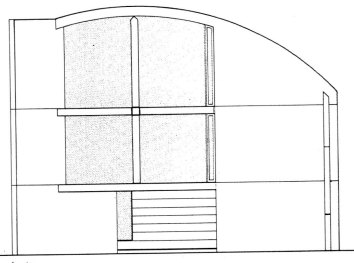

fronte
sulla strada
(nord)
*street front
(north)*

TOKYO, THE AWKWARD LEFTOVER

pianta
del tetto
*roof
plan*

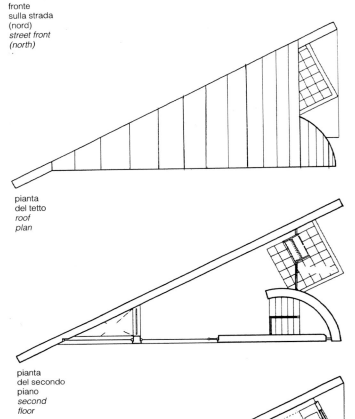

pianta
del secondo
piano
*second
floor*

pianta
del primo
piano
*first
floor*

pianta
del piano
terreno
*ground
floor*

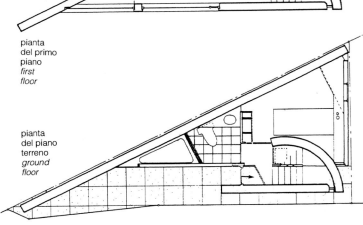

● Nella pagina precedente: la parete sud della casa, che fa da barriera verso la ferrovia.

● Al piano terreno subito di fronte alla porta d'ingresso (nascosta dietro il muro di facciata) c'è la scala e alla sinistra della scala ci sono una camera da letto e il bagno; la vasca occupa l'angolo più acuto (27°) del triangolo. Il primo piano è occupato dalla zona giorno (cucina-pranzo-soggiorno). Il secondo piano è destinato agli ospiti. Nella foto in alto a sinistra: una veduta frontale della facciata che mette in evidenza il composto gioco dei vuoti e dei pieni, dell'ombra e della luce. Nella seconda foto a sinistra: la casa nel suo contesto urbano. Nella foto in basso: particolare del vano d'ingresso. Nella pagina a lato: una foto che mette in evidenza la forma a cuneo della casa. Per controbilanciare la pressione della massicciata ferroviaria e del pesante muro di barriera, essa è stata costruita su cinquanta piloni di cemento di 50 centimetri di diametro profondamente infissi nel terreno.

● *Previous page: the south wall of the house, which shuts off noise and vibration from the railway.*

● *On the ground floor, the staircase starts in front of the hall door (hidden behind the façade wall) and the bedroom and bathroom are to the left of the staircase; the bathtub occupies the most acute angle (27°) of the triangle. The first floor houses the living area (kitchen-dining-living). The second floor is for guests. Photo top left: a view of the façade, emphasizing the sober play of masses and voids, shadow and light. Second photo on the left: the house in its urban context. Bottom photo: the entrance. Facing page: a photo that highlights the wedge shape of the house. It was build on fifty cement piles (each one 50 cm in diameter), in order to hold the earth pressure of the elevated railway and the heavy wall.*

● Ed ecco, per concludere, alcune immagini dell'interno. La foto a sinistra e quella piccola qui sotto mostrano la zona giorno al primo piano: la cucina sul fondo, il tavolo da pranzo presso la vetrata su strada. Nella foto in basso: la vasca triangolare del bagno al piano terreno. Nella seconda foto piccola: la scala delimitata dal muro ricurvo. Comune a tutti questi ambienti è la presenza di tagli alti e stretti che sfruttano ogni possibilità di catturare la luce e di introdurla in fasci scenografici anche nelle parti della casa più critiche data la particolare conformazione. Nella foto alla pagina a lato la luce invece abbonda. Entra dalle due grandi vetrate su strada in questa stanza del secondo piano riservata agli ospiti, della quale si può vedere, in alto, l'attacco della volta di copertura, in primo piano la leggera balaustra a "X" allo sbocco della scala, e sullo sfondo una balaustra della stessa forma che si affaccia sul soggiorno tagliando l'angolo più stretto e meno praticabile. Come si diceva all'inizio, l'eleganza delle soluzioni architettoniche appare inversamente proporzionale alle sfavorevoli condizioni di partenza.

TOKYO, THE AWKWARD LEFTOVER

● *We conclude with these shots of the interior. The photo at the top of the page and the small one above show the living area on the first floor: the kitchen is at the back and the dining-table is beside the window overlooking the road. Left: the triangular bathtub in the ground-floor bathroom. Second small photo above: the staircase delimited by the curved wall. Common denominators in all these spaces are the tall, slender slits which let light into the house with scenographic effect; without them, the odd configuration means that some areas would have been left in the dark. There is light aplenty in the photo on the facing page. It comes in from the two large windows (overlooking the road) in this guest bedroom on the second floor. The vaulted roof can be seen at the top; the light X-shaped balustrade at the top of the stairs is seen in the foreground; and in the background, a similarly shaped balustrade overlooks the living area, cutting the sharpest and least usable angle. As we said at the beginning, the elegance of the architectural solutions seems to be inversely proportional to the ill-favoured starting conditions.*

Data la densità dell'abitato, in Giappone forse più che in altri paesi gli architetti sono abituati a lavorare e a esprimere le proprie idee destreggiandosi continuamente fra una quantità di restrizioni e di vincoli imposti sia da problemi di spazio sia dai regolamenti edilizi. Eccezionalmente in questo lotto periferico — già quasi campagna — di una città di provincia restrizioni non ce n'erano. Ma immaginando che l'affollamento prima o poi arriverà anche qui, il progettista se le è date da sé e per questa casa unifamiliare ha adottato una struttura a corte raccolta su se stessa, con poche e piccole aperture verso l'esterno. Il distacco fra il dentro e il fuori, il segno di una differenza di qualità fra lo spazio domestico e quello extradomestico è espresso architettonicamente da quel "corpo estraneo" che è il muro di facciata (vedi la foto a lato): ruotato rispetto all'asse dell'abitazione e da questa visivamente un po' scostato, esso sembra un quadrato semiaffondato obliquamente nel terreno a far da barriera e dichiara la propria diversità anche attraverso la finitura, che non è di cemento a increspature verticali come quella della casa ma di liscia lamiera geometricamente suddivisa in grandi moduli quadrati.

THE COURTYARD HOUSE

La casa corte

Yasui Hideo, architect

Architects working in a country as densely populated as Japan are perhaps more accustomed than most to finding ways round the many restrictions imposed by problems of space and building regulations. In the case of this site, which is located almost in the countryside on the outskirts of a provincial town, there were — for once — no restrictions. However, acting on the supposition that sooner or later the area would be just as crowded as anywhere else, the designer decided to impose his own restrictions. This one-family house looks in onto its own courtyard with only a few small openings looking outwards. The separation of interior and exterior, and the difference in quality between the domestic space and the space outside are given architectural expression in the façade: an "alien element" (photo) has been set at an angle to the rest of the house, looking for all the world as though it has sunk sideways into the ground. The barrier this forms is further accentuated by the use of large geometric squares of smooth sheet metal that contrast with the vertically ribbed cement facing of the house itself.

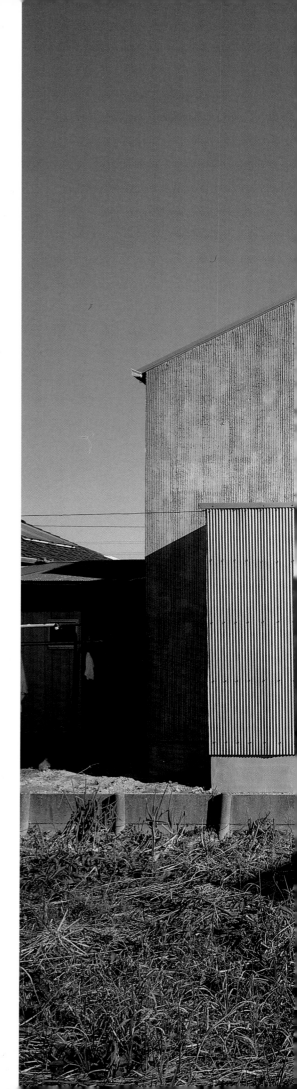

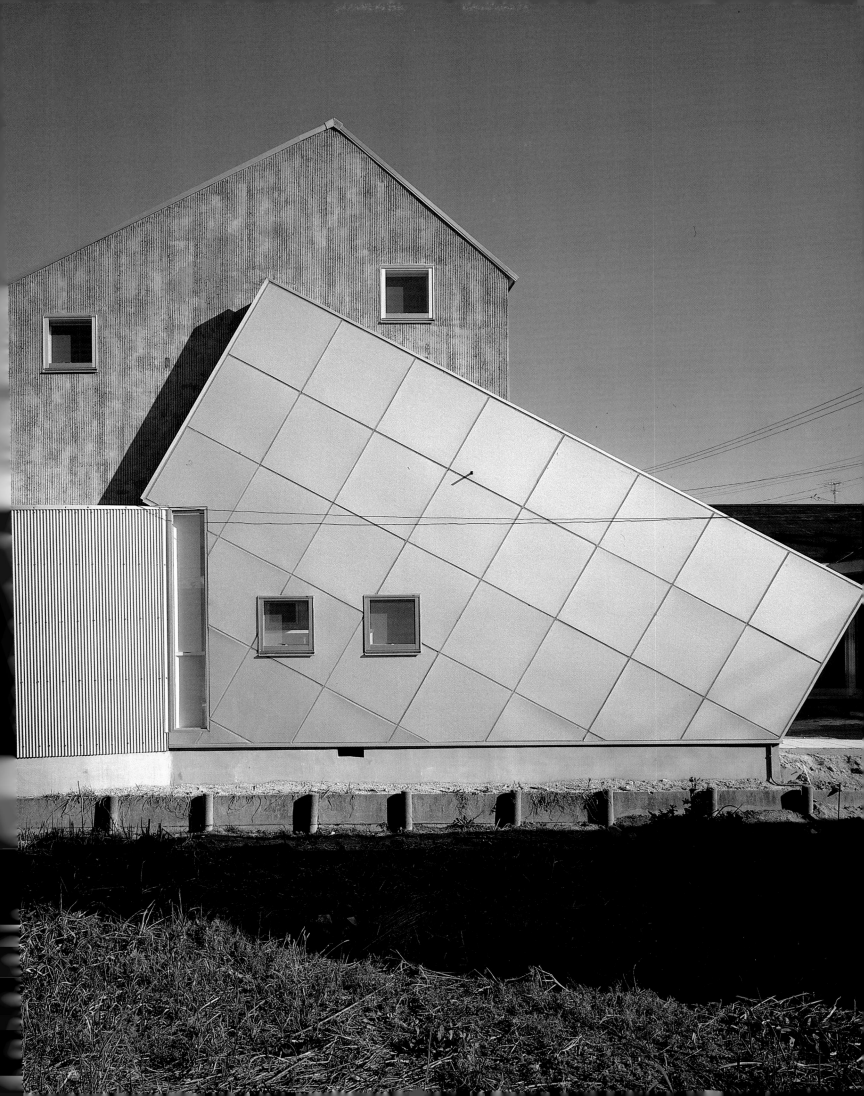

THE COURTYARD HOUSE

● Anche sul fronte laterale (foto qui sotto) si nota il contrasto fra la superficie del muro che segna il confine con l'esterno e la finitura dei corpi dell'abitazione distribuiti intorno al cortile. Questa estremità della casa è occupata dalla camera dei figli che si vede dall'interno nella foto alla pagina a lato. Due finestre molto piccole, un taglio lungo e stretto a fessura sull'angolo, un'altra fessura nel muro posteriore (non visibile nella foto), un piccolo lucernario triangolare schermato alla vista: sono solo queste le "concessioni" all'esterno, mentre la stanza, che ha la forma di una "L", è tutta rivolta verso il cortile sul quale si apre con due porte-finestre. Quando furono riprese le foto, il terreno intorno alla casa era ancora da sistemare e così pure il cortile che diventerà un giardino, ovviamente secondo i canoni giapponesi; per ora si vede solo una corsia piastrellata in fondo alla quale c'è la porta rossa d'ingresso alla casa.

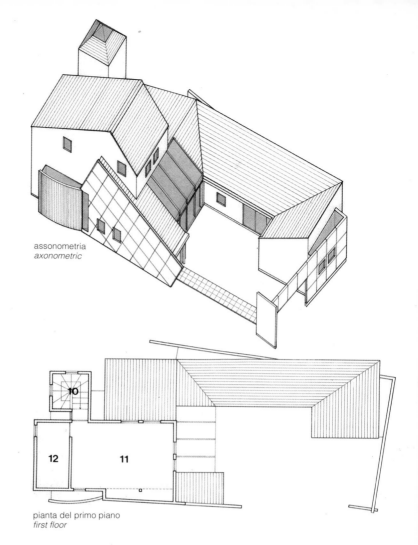

assonometria
axonometric

pianta del primo piano
first floor

1. cortile; 2. veranda; 3. ingresso all'abitazione; 4. soggiorno; 5. stanza dei tatami; 6. cucina; 7. bagno; 8. wc; 9. stanza dei figli; 10. scala; 11. stanza dei genitori; 12. cabina-armadio.
1. courtyard; 2. verandah; 3. entrance to the house; 4. living-room; 5. tatami room; 6. kitchen; 7. bathroom; 8. wc; 9. children's room; 10. stairs; 11. parents' room; 12. walk-in closet.

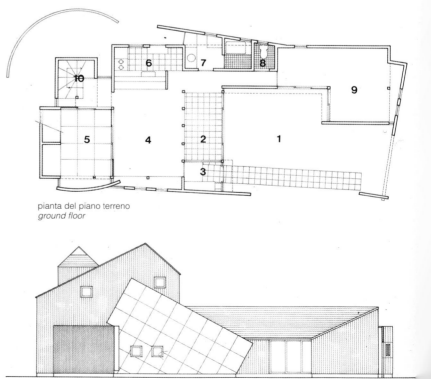

pianta del piano terreno
ground floor

facciata
elevation

● *The contrast between the surface of the perimeter wall and the surface finish of the parts of the home arranged around the courtyard is also apparent on the side of the house (above). This extremity of the building houses the children's room (interior on facing page). Two tiny windows, a long, narrow slit cut into one corner, another slit on the back wall (not shown in photo) and a small triangular skylight screened off from view are the only "concessions" that this L-shaped room makes to the outside world; on the contrary, it is wide open on the inner side, with two glazed doors leading out to the courtyard. Nothing had as yet been done with the land around the house or the courtyard when these photos were being taken, and the only feature visible was the tiled path leading up to the red main door. It goes without saying that the courtyard will be turned into a de rigueur Japanese garden.*

● Qui a sinistra: la stanza dei tatami, il luogo deputato alla concentrazione e alla meditazione, la parte più significativa della casa nella cultura giapponese. In questo caso può essere isolata dal soggiorno e, lateralmente, dal vano della scala per mezzo di porte scorrevoli. Nell'altra foto a sinistra: il soggiorno pavimentato di legno, la nicchia della cucina sul fondo e l'inizio del corridoio che costeggia il cortile dando accesso alla zona dei bagni e alla camera dei figli. Al limitare della pavimentazione di legno una serie di alte vetrate inframmezzate da pilastri sottili si affaccia su una veranda ricavata da una porzione di cortile, piastrellata di bianco e protetta da un tetto di vetro (vedi la foto alla pagina a lato); si crea così un contrasto di luci e di ombre che dà fascino e profondità a questo mondo domestico tutto giocato sui rapporti interni.

● *Top left: the tatami room, the place for concentration and meditation and in Japanese culture the most important part of the house. In this case the room can be cut off from the living-room and on one side from the stairwell by sliding doors. Left: the living-room with wooden floor, the kitchen recess at the back and the beginning of the passageway that skirts the courtyard and affords access to the bathroom area and the children's room. At the edge of the wooden floor a series of full-height windows is interspaced by slender pillars and looks out onto a verandah. This was created out of a section of the courtyard, and has been tiled in white and covered over by a glass roof (photo facing page). The result is an interplay of lights and shadows that gives depth and attraction to this domestic world, played out entirely through its interrelating interiors.*

AN IDEALIZED, RAREFIED OASIS

**Un'oasi
idealizzata
e rarefatta**

*Tadao Ando,
architect*

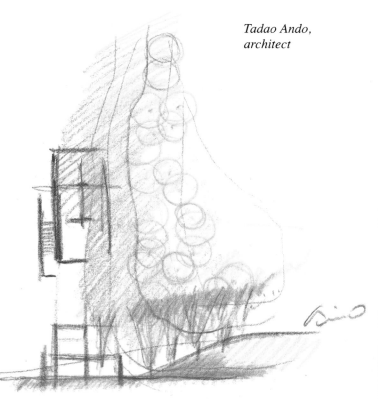

Abituato a operare in Giappone, in un contesto ben noto per l'altissima densità abitativa, Tadao Ando riesce a creare nelle sue architetture — anche quando, come nella maggior parte dei casi, lo spazio è poco e pochissime sono le possibilità di riparo dalla pressione esterna — un mondo tutto interiore, tutto rivolto verso l'interno, un'oasi idealizzata e rarefatta che invita alla tregua e alla contemplazione. In questa casa unifamiliare di Nagoya tali caratteristiche si ritrovano puntualmente ma con una (giustificata) eccezione: a livello del primo e del secondo piano il lato est dell'edificio è aperto perché, come si vede nello schizzo di Ando, da quella parte sopravvive il ver-
→

Tadao Ando is used to working in his native Japan, where the high population density is a force to be reckoned with. But no matter how little room there might be and how few possibilities there are for sheltering internal spaces from external pressures, he perennially succeeds in creating an entirely interior and inward-looking world, an idealized and rarefied oasis, an invitation to peace and contemplation. The same characteristics are to be found in this single-family house in Nagoya, but with one justifiable exception: the side facing east, on the level of the first and second floors, is open, as can be seen in the architect's sketch. In fact this side of the house looks out onto a small park, unusual in any big city
→

AN IDEALIZED, RAREFIED OASIS

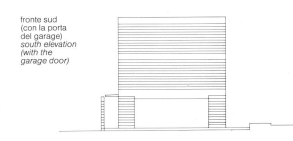

fronte sud
(con la porta
del garage)
*south elevation
(with the
garage door)*

● Nella foto precedente: dalla zona giorno al primo piano una veduta sul cortile più alto attraverso lo schermo delicatissimo di una tenda di midollino. Sulla destra il parapetto verso il cortile inferiore, sulla sinistra la scala che sale al terrazzo della camera da letto.
● Nella pagina a lato: la pura geometria della casa in una ripresa notturna dal lato est che mette in evidenza la grande "finestra" tagliata nel muro perimetrale, il volume vuoto corrispondente ai cortili, le vetrate del primo e del secondo piano, il terrazzo e la scala che scende al cortile della zona giorno. Tutto ciò che si trova al piano terreno resta invece nascosto e riparato dal muro che a questo livello chiude la casa su tutti e quattro i lati.

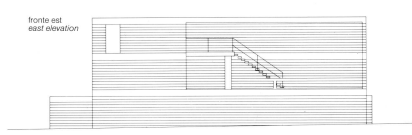

fronte est
east elevation

planimetria della zona
site plan

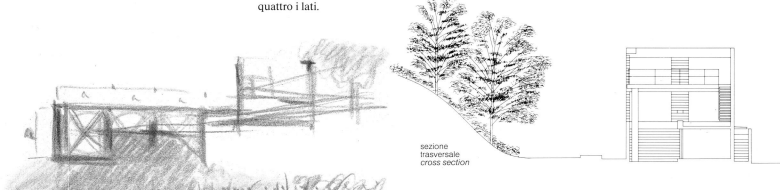

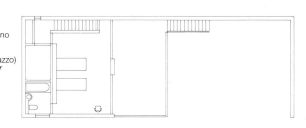

sezione
trasversale
cross section

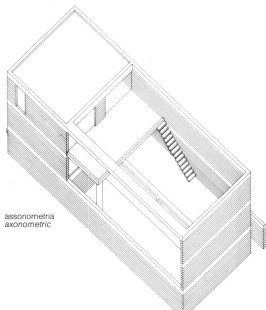

assonometria
axonometric

● *Photo previous page: the upper court is espied from the living area through a delicate cane blind. On the right, the parapet overlooking the lower court; on the left, the stairway leading up to the bedroom terrace.*
● *Facing page: the pure geometry of the house, shown here in a nighttime shot of the east side that emphasizes the huge "window" cut into the perimeter wall, the empty volume of the courts, the windows of the first and second floors, the terrace and the stairway leading down to the court from the living area. Everything on the ground floor is hidden and sheltered by the wall, which is all-enclosing at that level.*

pianta
del
secondo piano
(bagno,
camera
da letto, terrazzo)
*second-floor
plan
(bathroom,
bedroom,
terrace)*

pianta
del
primo piano
(cucina,
pranzo, cortile
superiore)
*first-floor plan
(kitchen,
dining-room,
upper
courtyard)*

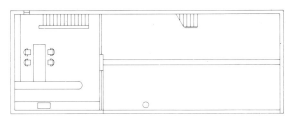

pianta del
piano terreno
(garage, bagno,
lavanderia,
stanza dei
tatami, cortile
inferiore)
*ground-floor
plan (garage,
bathrooms,
laundry, tatami
room, lower
courtyard)*

de di un piccolo parco, cosa davvero insolita da trovarsi nel bel mezzo di una metropoli per di più giapponese. Così questo *shakkei*, questo scenario, è entrato a far parte della casa, la casa anzi è stata progettata in funzione dello scenario. Si osservi l'assonometria. La costruzione ha la forma di un parallelepipedo regolarissimo — una scatola — delimitato su tre lati e su una parte del quarto da un severo muro di blocchi di cemento che dall'esterno lascia intuire soltanto la divisione in tre piani: poi, sul resto del quarto lato, un taglio come un'immensa finestra che permette l'intera-

zione fra ambiente costruito e ambiente naturale. Guardando dentro la "scatola" si nota che la caratteristica principale è il vuoto. Infatti solo un terzo del volume è occupato dalle stanze, gli altri due terzi circa sono cortili sui quali le stanze principali si aprono con grandi vetrate. Più esattamente, i due terzi vuoti, divisi in due parti nel senso della lunghezza, hanno dato luogo a due cortili rettangolari di differente livello. Quello al piano terreno, pavimentato di ghiaia e tutto chiuso fra i muri, fornisce l'affaccio a una serie di stanze allineate in senso longitudinale — la stanza dei

tatami, due bagni, la lavanderia. Il cortile al primo piano, su cui si affaccia una vetrata della zona giorno (vedi la foto alla pagina precedente), ha invece la vista laterale sul parco attraverso la grande apertura nel muro perimetrale. Da questo cortile parte una scala che sale al terrazzo della camera da letto al secondo piano, da cui si gode un più ampio panorama sul verde. E dunque la "scatola" non è così semplice: contiene un mondo articolato con l'equilibrio più difficile, quello dei mezzi minimi e degli esiti massimi.

and even more so in a Japanese one. This shakkei, *or borrowed scenery, has now become part of the house itself, and indeed the house was designed around the scenery. Looking at the axonometric, we see that the building is an orderly box, a three-storey parallelepiped, delimited on three sides and on part of the fourth by an uncompromisingly plain wall of concrete blocks, which hints to the beholder that the interior is divided into three floors; an immense, window-like cut on the remainder of the fourth side allows for interaction between the manmade and*

the natural environments. Looking inside the box, we see that emptiness is the keynote. Only a third of the space is taken up by rooms, which look out through large windows at the remaining two-thirds, which consist of courts. To be more precise, when the empty two-thirds of space are divided into two longitudinally they form two rectangular courts on different levels. The ground-floor court is covered with gravel, completely enclosed by walls, and is looked out onto by a series of rooms running lengthwise — the tatami *room, two bathrooms and the*

laundry. The first-floor court is overlooked by a living-room window (see photo previous page), but in its turn it looks out at the park through the large opening in the perimeter wall. A stairway leads up from this court to the terrace of the second-floor bedroom, which enjoys an even better view of the park. The seemingly simple box is not so simple after all. The articulated world it contains is a brilliant example of how to obtain the maximum results with the minimum of means.

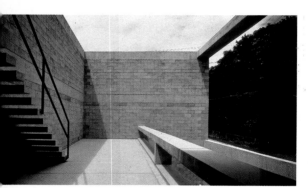

● Nella prima foto piccola: le due vetrate del primo piano riprese dall'interno; il vetro retinato proietta sul cemento del muro e della pavimentazione esterna un disegno a reticolo. Nella seconda foto piccola: una veduta dei cortili e della cortina verde che fa quasi da quarto muro alla casa sul lato est. Nella foto grande: particolare della zona cucina. Continua anche all'interno la texture muraria formata da blocchi di cemento distanziati di 3 millimetri; questo accorgimento, quasi impercettibile in sé, rende le superfici più vibranti, più sensibili alla luce.

● *Small photo, top: the two first-floor windows seen from inside; the wire-rolled glass projects a grid pattern onto the floor. Small photo, left: a view of the courts and of the green "curtain", which is almost like a fourth wall on the east side. Large photo: a detail of the kitchen. The textured concrete blocks with 3 millimeter joints have also been used for the interior; an almost imperceptible detail, the joints make the surfaces more vibrant, more light-sensitive.*

● Ancora un interno nella foto grande: la camera da letto. Le sue vetrate danno sul terrazzo del secondo piano, che si vede più distintamente nella prima foto piccola. La seconda foto piccola, scattata dal cortile della zona giorno, mostra lo *shakkei,* lo scenario verde. La metropoli sembra lontana, la natura entra in casa, tempera la nuda severità dell'architettura, diventa parte dinamica della vita quotidiana degli abitanti.

● *Large photo: the bedroom. The windows here look out onto the second-floor terrace, which is shown more cleraly in the first of the two small photos. The second small photo, taken from the court outside the living area, shows the* shakkei, *or green scenery. The city seems worlds away and nature enters the home, counterbalancing the naked severity of the architecture and becoming an invigorating part of the inhabitants' daily lives.*

IL PALAZZO

Aldo Rossi,
architect

La città di Fukuoka si trova sull'isola di Kyushu, circa 1200 chilometri a sud-ovest di Tokio. Ha un fiume che l'attraversa, un porto piuttosto importante che si affaccia sullo stretto di Corea, molti traffici e attività commerciali e industriali che l'hanno resa più aperta, più rampante, più disordinata di altre città giapponesi. Il quartiere Haruyoshi è tutto un pullulare di motel, alberghi, bar, discoteche, ristoranti e ristorantini smontabili improvvisati attorno a un carretto-cucina: di giorno è piuttosto squallido, di notte presenta la sua faccia migliore. Proprio in mezzo a questo caos urbano l'architetto italiano Aldo Rossi è stato chiamato a progettare un sontuoso albergo battezzato con il nome di Il Palazzo, che si eleva – tutto rosso, metafisico ed estraneo – vicino al fiume: un'attrazione, la cui funzione per molti aspetti riqualificatoria è bene espressa dalla definizione di "edificio-antenna" data da John Thackara, che l'ha visitato e ha scritto le proprie impressioni in un articolo per la rivista inglese *Blueprint* che qui riproponiamo.

The city of Fukuoka stands on the island of Kyushu, some 1200 kilometres south-west of Tokyo. Bisected by a river, it has an important port that opens onto the Strait of Korea, bustling traffic and trade and industrial activities that have made it more extroverted, brash and disorderly than other Japanese cities. The Haruyoshi district is a pell-mell of motels, hotels, bars, discos, restaurants, and open-air eateries and kitchens. Tatty by day, it looks decidedly better after dusk. Italian architect Aldo Rossi was requested to design a sumptuous hotel called Il Palazzo for the centre of this urban chaos. Red, metaphysical and out of place, it stands near the river. It is an attraction whose function is best expressed by the term "antenna building" coined by John Thackara, who visited it and wrote his impressions in an article for Blueprint *magazine, which we publish here in full.*

● Il corpo principale, dalla monumentale facciata cieca scandita da pilastri di travertino rosso e da architravi rivestiti di rame, è preceduto da una "piazza" sopraelevata e affiancato da due corpi bassi che ospitano quattro bar. Essi hanno ingressi indipendenti ma sono collegati al primo piano del corpo principale per mezzo di due passerelle che scavalcano due vicoli interni al complesso: il vicolo del Sole e il vicolo della Luna. Nel seminterrato dell'albergo è situata la discoteca Barna Crossing. Il piano terreno è occupato, sotto la "piazza", da due grandi locali pure appartenenti alla discoteca e, nella parte posteriore, da zone di servizio per il personale. Al primo piano si trovano l'ingresso e l'atrio dell'albergo, raggiungibili dalla strada dopo avere salito le scalinate e attraversato la "piazza", e la sala del ristorante che ha una cucina centrale a vista. Nei soprastanti sei piani sono distribuite le sessantadue stanze – singole, doppie o suites – le cui finestre si affacciano sui fianchi dell'edificio. Le stanze del penultimo piano sono arredate in stile giapponese; la loro capienza e superficie sono misurate a tatami – sei, dieci, diciotto tatami. L'albergo è stato inaugurato il 5 dicembre 1989.

● *The main building, with its monumental blind front articulated by red travertine pillars and copper-covered lintels, is preceded by an elevated piazza and flanked by two low buildings which house four bars. These have separate entrances but are connected on the first floor of the main building by two walkways, which cross over two paths inside the complex: the Path of the Sun and the Path of the Moon. The Barna Crossing discothèque is situated in the basement of the hotel. The ground floor, in the part underneath the piazza, houses two large rooms also belonging to the discothèque, while at the rear it houses service areas. The entrance and lobby are on the first floor, and are reached by climbing the flight of steps and crossing the piazza; this floor also houses the main restaurant, which has an open-to-view kitchen. Sixty-two singles, doubles and suites are distributed on the six floors above, their windows on the sides of the building. The rooms on the penultimate floor are furnished in Japanese style; their size and surface area are measured in tatami – six, ten, eighteen tatami. The hotel was inaugurated on December 5, 1989.*

Stars and Bars

di John Thackara

© dalla rivista Blueprint, n. 65, marzo 1990

Anche i suoi più devoti sostenitori esiterebbero a definire Fukuoka la Venezia dell'Oriente. Di medie dimensioni, di media bruttezza, questa città giapponese è stata troppo occupata ad arricchirsi per pensare a farsi bella. In particolare il suo fiume, il Naka, non è il Canal Grande – ha tanti rifiuti e poche chiatte dorate. Ma adesso un avvenimento architettonico sensazionale – Il Palazzo – può fare l'impossibile: rendere Fukuoka in qualche modo elegante.

Benché Il Palazzo esemplifichi un modo di usare il design come arma commerciale, qualcosa mi dice che non diventerà tanto presto un caso degno di studio da parte di un Design Council. Né la funzionalità né la moderazione sono le caratteristiche predominanti di questa esercitazione. La →

Even its staunchest supporters would hesitate to describe Fukuoka as a Venice of the East. A medium-sized, medium-grotty Japanese town, Fukuoka has been too busy growing rich to put on airs and graces. The town's Naka river in particular is no Grand Canal – it is long on debris and short on golden barges. But now an architectural sensation, Il Palazzo, may achieve the impossible and make Fukuoka somewhere smart.

Although Il Palazzo exemplifies the use of design as a commercial weapon, something tells me it will not quickly become a Design Council case study. Neither function nor moderation figure prominently in this exercise. The press pack alone weighed in at a hefty forty-six pages, while in the

sola cartella stampa è un malloppo di quarantasei pagine, mentre nell'edificio ogni centimetro quadrato geme sotto il peso di un ennesimo programma architettonico. Aldo Rossi, l'architetto che ha progettato l'edificio, richiesto di formulare una teoria architettonica per spiegare la tipologia del più esagerato bed-and-breakfast del mondo, ha potuto dire soltanto la verità: "Il principio conduttore di questo progetto è stato quello di costruire un guscio e una struttura per gli interior designers".

La storia non registra la reazione dei Dottori in Architettura Ettore Sottsass, Gaetano Pesce e Alfredo Arribas a sentirsi definire "interior designers", sebbene la presenza della sottile malizia milanese nell'ambiente alieno di Fukuoka risulti stranamente confortante. Ma è chiaro, dalle dimensioni e dalla qualità del pantheon di progettisti chiamati per questa impresa, che il suo patron, il manciuriano Mitsuhiro Kuzuwa, non voleva correre il rischio di essere accusato di fare le cose a metà. Kuzuwa, autore di bestsellers come *Metodi rivoluzionari nel business dei ristoranti* o *Tu sì che diventerai più ricco*, può essere un fanatico del design ma non certo un filantropo. La overdo-

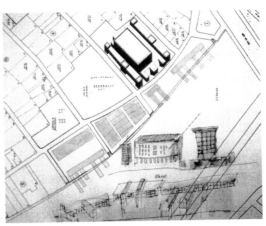

schizzo
di progetto
*design
sketch*

IL PALAZZO

sezione
trasversale
cross-section

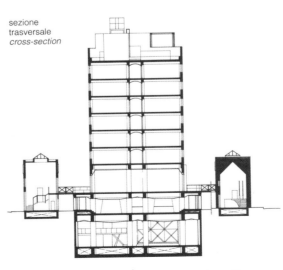

building itself almost every square foot (or tsubo) *groans under the weight of yet another architectural programme. Architect of the building, Aldo Rossi, when asked to articulate an architectural theory to explain the world's most over-the-top bed and breakfast, could only state the truth: "The principle in this project was to build the shell and structure for the interior designers".*

History does not record the reaction of Doctors of Architecture Ettore Sottsass, Gaetano Pesce and Alfredo Arribas to being called "interior designers", though the survival of Milan's exquisite cattiness in the alien surroundings of Fukuoka is strangely comforting. But it was clear from the size and quality of the designer-pantheon assembled for the project that its patron, Manchurian-born Mitsuhiro Kuzuwa, dit not intend to be accused of doing things by halves. Kuzuwa, the author of such best-sellers as Revolutionary Methods in the Restaurant Businness *and* You Are Certain to Become Richer, *may be an unreconstructed design fanatic, but he is no philanthropist either. The over-supply of design in Il Palazzo had to work commercially as well.*

se di design scaricata ne Il Palazzo doveva funzionare anche dal punto di vista commerciale.
In Giappone, la chiave di progetti di questo tipo è il prodotto della sintesi di due fenomeni: la spirale di crescita del valore dei terreni e la vita breve delle realizzazioni architettoniche. Un comportamento tipico: un impresario si interessa a vari lotti in un'area che è ai limiti più scadenti del mer-

cato. Poi su uno dei lotti costruisce un edificio di alto profilo, e così il valore dei lotti adiacenti decollerà velocemente. Con la vendita di questi lotti l'impresario pagherà le spese dell'edificio che ha fatto da "antenna" e probabilmente potrà disporre ancora di abbastanza contante per imbarcarsi in un progetto successivo ancora più grande.
Ma, per funzionare, gli edifici-antenna devono es-

sere manufatti di grande qualità, con quel genere di carisma che solo il buon design e i materiali costosi conferiscono. Certamente per Il Palazzo non si è badato a spese: le cronache riferiscono che Kuzuwa ha detto ai progettisti che potevano usare ogni materiale, eccetto l'oro. L'esterno è fatto di pilastri e muri di travertino rosso, con massicci architravi rivestiti di rame che scandi-

The key to such projects in Japan is a rich synthesis of spiralling land values and short architectural life-spans. Typically, a developer will take an interest in several plots in an area that is probably at the shabbier end of the market. Then, by creating a high-profile building on one of the plots, interest in the district, and hence the value of the adjacent plots, will be encouraged to soar.

Selling these plots will pay for the original "antenna building" and probably produce enough cash to embark on a much bigger project the next time round.
But to work, antenna buildings have to be high-quality artefacts with the kind of charisma that only good design and expensive materials impart. Certainly, no expense has been spared at Il

Palazzo: Kuzuwa reportedly told the designers they could use any material except gold. The exterior is constructed of red travertine pillars and walls, with hefty copper-covered lintels articulating the horizontal panes. Inside, the entrance hall, made of Chinese quince and imported moss-green onyx, achieves the womb-like warmth one might desire from a hotel but sel-

← scono orizzontalmente la facciata. All'interno la hall, di legno di cotogno cinese e di onice di importazione color verde-muschio, crea quel calore da grembo materno che uno può desiderare in un albergo ma che raramente trova.

Il bar di Sottsass, Zibibbo, prende il nome, dice il progettista, da un'uva dell'Italia meridionale particolarmente dolce e saporita. Passare il tempo in questo bar è come bere un vino da dessert tiepido – basta poco per saziare. Ma questo, pare, commercialmente fa gioco: la direzione dell'albergo sembra infatti preoccupata che gli ospiti siano portati a passare troppo tempo nel ricco bar "uterino" di Pesce, El Liston. Un ricambio più rapido, evidentemente, sarebbe considerato salutare. Invece il bar Oblomov, omaggio di Kuramata alla star del film di Mikhalov, è più professionale sotto questo aspetto: è appuntito e brillante, perfetto per mandar giù velocemente un sorso di vodka, mentre non viene voglia di passarci una serata.

Ma l'interior design de Il Palazzo è soltanto un elemento nel complesso spiegamento di hardware e di software. Lo Studio 80 di Shigeru Uchida, responsabile dell'art direction del progetto, ha mes-

Bar El Dorado (Aldo Rossi)

Bar Zibibbo (Ettore Sottsass)

← *dom encounters.*

Sottsass's bar, Zibibbo, is named, he tells us, after a southern Italian grape which is "particularly sweet and tasty"; time spent in the bar is indeed like drinking warm dessert wine – a little goes a long way. But this, it transpires, makes sound commercial sense: the hotel management is apparently distressed that guests spend too much time in Pesce's rich and womb-like bar, El Liston. A high turnover, one supposes, is viewed as healthy. Oblomov, Kuramata's homage to the star of Mikhalov's movie, is more professional in this respect: it's spiky and bright – perfect for a quick shot of vodka, though you wouldn't want to spend an evening there.

But Il Palazzo's interior design is just one element in a complex array of hardware and software. Shigeru Uchida's Studio 80, responsible for art directing the project, brought together a huge team of specialists ranging from food stylists to linen co-ordinators. Studio 80 also mana-

so insieme un grande team di specialisti che vanno dagli stilisti del cibo ai coordinatori della biancheria. Lo Studio 80 ha anche diretto il design e la produzione di dozzine di elementi creati appositamente per l'albergo: divani, sgabelli, lampade, mensole, maniglie, orologi, e accessori vari per i bar e i ristoranti. Esperti diversi hanno progettato gli spuntini, i cocktail, i bicchieri, i menu, eccetera eccetera.

E questo per quanto riguarda lo Studio 80. Ma c'è anche un comunicato stampa di ventitré pagine dovuto alla Creative Intelligence Associates di Sy Chen, che descrive il Barna Crossing al piano interrato come "una *neuro-pleasure* città sotterranea in cui si fondono cultura, musica, arte, cucina, spettacolo, tecnologia e moda". Il programma del Barna Crossing è stato scritto da Sy Chen, ma il lavoro creativo è di un team spagnolo che comprende Javier Mariscal, Alfredo Arribas, Juli Capella e Quim Larrea. A dir la verità, questa euforica combinazione di stile barcellonese a ruota libera e di efficienza fukuokese non si è rivelata il cocktail migliore: il Barna Crossing non era completato al momento della mia visita.
J. T.

Bar El Liston (Gaetano Pesce)

Bar Oblomov (Shiro Kuramata)

ged the design and manufacture of dozens of products created specially for the hotel – stools, couches, lamps, brackets, door handles, clocks and various bar and restaurant accessories. Different experts designed the bar snacks, cocktails glasses, menus... the list goes on.
Studio 80's list that is: a twenty-three-page

"press release book" from Sy Chen's Creative Intelligence Associates describes the quite separate Barna Crossing, an "underground neuro-pleasure city fusing culture, music, art, cuisine, entertainment, technology and fashion" in the basement. Barna Crossing's programme was written by Sy Chen, but the creative work was

undertaken by a team from Spain which included Javier Mariscal, Alfredo Arribas, Juli Capella and Quim Larrea. If truth be told, this heady combination of free-wheeling Barcelona style and Fukuoka efficiency was not the perfect mix: Barna Crossing was not yet complete during my visit.
J. T.

GREAT BRITAIN

William
Shakespeare,
*Sogno d'una notte
di mezza estate*

Conosco una sponda
dove crescono il timo selvatico
e la primula e la violetta dal capo tentennante,
sotto un baldacchino di rigoglioso caprifoglio,
di profumate rose damaschine e canine:
parte della notte dorme ivi Titania,
cullata in mezzo a quei fiori
da musiche e danze deliziose,
ed ivi il serpente lascia la sua pelle smaltata,
ampia abbastanza da poterne fare
il manto d'una fata.

●

*William
Shakespeare,*
Midsummer
Night's Dream

I know a bank where the wild thyme blows,
Where oxlips and the nodding violet grows,
Quite over-canopied with luscious woodbine,
With sweet musk-roses, and with eglantine.
There sleeps Titania sometime of the night,
Lull'd in these flowers with dances and delight;
And there the snake throws her enamell'd skin,
Weed wide enough to wrap a fairy in.

*Responsabile del settore architettura del quotidiano inglese *The Independent.*

*Architecture editor of The Independent.

Chi vorrebbe essere architetto a Londra nel 1991? Dopo un boom edilizio che è durato buona parte di un decennio, l'economia britannica si è beccata un raffreddore (o piuttosto un attacco di polmonite) e le commissioni di architettura sono piombate a un nuovo minimo. Basta guardarsi attorno nel bello studio di Campbell Zogolovitch Wilkinson e Gough (CZWG) per vedere, come in un microcosmo, che cosa è accaduto negli ultimi sei mesi sulla scena dell'architettura inglese.

Dove solo pochi mesi fa c'erano dozzine di architetti giovani ed entusiasti che lavoravano a progetti di residenze nei Docklands di Londra per giovani professionisti in ascesa (gli yuppies), oggi c'è il vuoto. La galleria dello studio CZWG sembra più uno showroom di mobili per ufficio e tavoli da disegno che una centrale architettonica.

Per tutti gli anni Ottanta Piers Gough e il suo fantasioso team del CZWG sono stati impegnatissimi a progettare quel tipo di appartamenti sul fiume che oggi sembrano caratterizzare (e quasi rappresentare ironicamente) quel decennio. Più che in qualsiasi altro paese europeo, in Inghilterra gli anni Ottanta, sotto l'egida liberalizzatrice del governo di Margaret Thatcher, sono stati il decennio della libera iniziativa a ruota libera, e particolarmente degli operatori immobiliari. Improvvisamente, dopo la recessione economica degli anni Settanta, qualsiasi architetto valido fu inondato di commissioni per progettare blocchi per uffici e grandi blocchi residenziali multiaccessoriati. Mentre l'architettura pubblica praticamente scompariva, su Londra si abbatté un diluvio di nuovi edifici quasi sempre architettonicamente insignificanti, che celebravano lo spirito della libera iniziativa senza freni.

Ora che i tempi sono cambiati e che la maggior parte degli architetti inglesi sta lottando per trovare nuovi lavori, ci sembra il momento giusto per visitare gli studi di alcuni fra i più creativi di Londra.

Gli architetti che hanno lavoro lavorano soprattutto all'estero, in Europa, negli Stati Uniti e in Giappone. Nigel Coates, per esempio, ha di recente terminato uno stupefacente night-club, il Taksim di Istanbul. Gli altri suoi progetti sono stati realizzati in Giappone. A parte uno o due negozi (per Katherine Hamnett e per la catena di negozi di moda Jigsaw), il lavoro di quello che è l'architetto più stravagante d'Inghilterra in Inghilterra è quasi sconosciuto. Gli architetti inglesi di maggior successo — Sir Norman Foster, Richard Rogers e James Stirling, fra gli altri — continuano a esercitare i loro talenti all'estero. Foster e Rogers hanno particolare successo, come la dimensione (e la sontuosa architettura) dei loro studi dimostra chiaramente.

Eppure, osservando gli studi di alcuni degli architetti inglesi più dotati, è possibile cogliere un'immagine di quell'energia creativa e di quella tenacia da cui sono nati certi edifici e certi interni fra i più interessanti degli ultimi dieci anni. Gli studi di Piers Gough (CZWG), John Outram, David Chipperfield, Michael Hopkins, Leon Krier, Pierre d'Avoine, Julian Powell-Tuck e Jeremy Dixon ne riflettono sia la fertile immaginazione sia la fiducia nel futuro. I loro studi rispecchiano anche il loro approccio al progetto? Sì. Gli studi di questi architetti sono ben diversi da quelli di coloro che hanno fatto i soldi durante il boom della libera iniziativa degli anni Ottanta.

Gli architetti che hanno tratto più profitto da questo boom erano, per la maggior parte, soci in studi "commerciali". In Inghilterra è diventata una tradizione distinguere gli studi *design-oriented* da quelli *profit-oriented*. I primi comprendono gli architetti i cui lavori e i cui studi si vedono in queste pagine. I titolari dei secondi sono per lo più molto difficili da distinguere da un qualsiasi uomo d'affari: vestono in modo convenzionale, parlano il linguaggio degli affari e lavorano in edifici che sarebbero perfetti per avvocati, commercialisti, operatori immobiliari e altri professionisti del commercio. Solo molto di rado i loro studi hanno un'identità propria. Forse perché, come prova l'esperienza inglese degli anni Ottanta, questi architetti nei loro lavori non seguono nessuno stile particolare. Seguono le ultime tendenze e vestono la struttura d'acciaio dei loro edifici con i costumi dell'ultima moda architettonica. Come ti piacerebbe il tuo nuovo palazzo di uffici? Postmoderno? Neoclassico? High-Tech? Vernacolare? Decostruttivista? Nessun problema, questi architetti gli daranno lo stile che vuoi.

Ma, entrando nello studio di John Outram o di Leon Krier o di David Chipperfield o di Michael Hopkins, si sente di essere arrivati in un posto speciale. Il disegno, il colore, la decorazione e lo stile complessivo dei loro studi danno una percezione immediata del loro modo di pensare e di lavorare. Si capisce di essere entrati nel mondo dell'immaginazione e si capisce anche che gli architetti che lavorano qui si preoccupano meno del profitto che della qualità dei progetti. Qui ci sono architetti disposti a lavorare ventiquattro ore su ventiquattro per parcelle misere su progetti di minima entità. Molti degli architetti più interessanti non sono ricchi e neppure benestanti, e non possono permettersi di buttar via soldi nei loro studi. Eppure anche quando questi studi sono addirittura poveri, trasudano carattere.

Questo non è un fenomeno solo di oggi. Molti degli architetti inglesi più ispirati hanno lavorato in studi improbabili, che ciò nonostante trasudavano carattere. Talvolta, come nel caso di Augustus Welby Northmore Pugin, il padre del revival gotico ottocentesco, lo studio era un riflesso intimo, un'eco se vogliamo, del loro approccio particolare al progetto. Pugin, la cui opera più famosa è l'intera decorazione, interna ed esterna, del Parlamento a Westminster, lavorava in studi gotici dentro case gotiche che egli stesso costruiva per sé. In queste case egli viveva una vita gotica, o medioevale, con i suoi mobili gotici, la sua dieta gotica e la sua famiglia gotica. Immerso in un'atmosfera neo-medioevale, egli progettò un numero prodigioso di edifici durante la sua breve esistenza (morì sfinito e pazzo all'età di quarant'anni, nel 1852), studiando di ciascuno ogni minimo particolare. E tutto era progettato esclusivamente da lui. Rifuggiva dall'idea di avere un assistente, gridando: "Un impiegato, un impiegato, lo ucciderei nel giro di una settimana!". La grandezza di Pugin deriva in parte dal fatto che egli visse e lavorò in una atmosfera che coincideva con la sua architettura? Probabilmente sì.

Questo vale in gran parte anche per gli architetti che presentiamo in queste pagine. Ciò che essi hanno in comune è la convinzione che l'amante che hanno scelto, l'Architettura, abbraccia tutto. È un'amante alla quale essi si donano senza riserve e non un capriccio passeggero come nel caso degli architetti più "commerciali".

J.G.

John Outram

Jeremy Dixon BDP
with Edward Jones

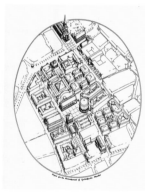

Leon Krier

Who would be an architect in London in 1991? After a building boom that has lasted the best part of a decade, the British economy has caught a cold (or perhaps, a bout of pneumonia) and architectural commissions have dropped to a new low. You only have to look round the handsome studio of Campbell Zogolovitch Wilkinson and Gough (CZWG) to see, in microcosm, what has happened to the British architectural scene in the past six months.

Where, only a few months ago, there were dozens of keen young architects working on housing schemes for upwardly mobile young professionals ("Yuppies") in London's Docklands, today the gallery they worked from is empty. The gallery of the CZWG studio looks more like a showroom for office furniture and drawing board equipment than an architectural powerhouse. Throughout the 1980s Piers Gough and his imaginative team at CZWG were busy at work designing the kind of waterside apartment that now seem to characterise (and even parody) the 1980s. In Britain, more than in other European country, the 1980s, under the aegis of Margaret Thatcher's ideologically right wing liberation government, was the decade of freewheeling free enterprise and, specifically, of the property developer. Suddenly after years of economic depression in the 1970s, any architect worth his, or her, salt was deluged with commissions to design speculative office blocks and vast, highly serviced apartment blocks. While the public sector and new public architecture all but disappeared, London was awash with mostly crass new building that celebrated the spirit of unbridled free enterprise.

Now that times have changed and most British architects are struggling to find new work, it seems an appropriate time to visit the studios of a number of the most imaginative architects working in London.

The architects who remain busy are working for the most part overseas, notably in Europe, the United States and Japan. Nigel Coates, for example, has recently opened a stunning nightclub, Taksim in Istanbul. The rest of his designs are to be found in Japan. Apart from one or two shops (for Katherine Hamnett and the fashion chain Jigsaw), the designs of Britain's most outrageous architect are almost unknown in Britain. Britain's most successful architects — Sir Norman Foster, Richard Rogers and James Stirling among them — continue to pursue their talents abroad. Foster and Rogers are particularly successful as the sheer scale of their studios (and their lavish architecture) clearly shows.

Yet in the studios of some of Britain's most imaginative architects you can catch a glimpse of the inventive energy and the wilful ideas that have produced some of the most interesting buildings and interiors of the past ten years. The studios of Piers Gough (CZWG), John Outram, David Chipperfield, Michael Hopkins, Leon Krier, Pierre d'Avoine, Julian Powell-Tuck and Jeremy Dixon reflect both the fertile ideas of these highly imaginative architects and a confidence in the future.

Do their studios mirror their approach to design? Yes, they do. The studios of these architects are notably different from those practices who made the real money during the free enterprise boom of the 1980s. The architects who profited most from Britain's great building boom were, for the most part, partners in "commercial" practices. In Britain, it has become a tradition to separate out the design-led architectural practices from the commercially or profit-led practices.

The former include the architects whose work and studios you see on these pages. The latter are, for the most part, very difficult to tell apart from any other businessman or businesswoman. They dress in conventional suits, speak the language of commerce and work in buildings that would suit solicitors and accountants, property developers and other commercial enterprises down to the ground. The studios of these architects only very rarely have a particular identity. Perhaps this is because, as the British experience of the 1980s proved, such architects work in no particular style. They respond to the latest fads and fashions and dress up their steel-framed buildings in the latest architectural fancy dress. How would you like your latest office block? Post-Modern? Neo-Classical? High-Tech? Vernacular? Deconstructivist? No problem, these architects will clad your latest building in any style you care to choose.

But, step into the studio of John Outram or Leon Krier, David Chipperfield or Michael Hopkins, and you know that you have arrived somewhere special. The design, colour, decoration and overall style of their studios give you an immediate insight into their way of thinking and working. There is no doubt that you are entering the world of imagination and even less doubt that here are architects who are less concerned with the profit motive than with designing worthwhile buildings. Here are architects willing to work round the clock for miserly fees on the smallest building project. Because many of the most interesting architects are not wealthy they cannot lavish money on their studios. But even when these are overly poor, they exude character.

This is not just a phenomenon of today. Many of Britain's most inspired architects have worked from unlikely studios, that have nevertheless exuded character. Sometimes, as in the case of the father of nineteenth century Gothic revival, Pugin, the architect's studio has been an intimate reflection, an echo if you like, of their particular approach to design. Augustus Welby Northmore Pugin (whose most famous work is the entire decorative detailing, inside and out, of the Houses of Parliament in Westminster) worked in Gothic studies in the Gothic houses he built for himself. In these he lived a Gothic, or Medieval life with his Gothic decor, Gothic diet and Gothic family. Immersed in a neo-Medieval atmosphere he was able to design an astonishing number of buildings during his short life (he died, exhausted and mad, aged 40, in 1852), each thought out in the most minute detail. And each designed by no one but Pugin alone. He scorned the idea of employing an assistant, crying "A clerk, a clerk, when I would kill him in a week". Did Pugin's greatness lie partly in the fact that he lived and worked in an atmosphere that matched and mirrored his architecture? It probably did.

Of the architects seen on these pages, much the same is true. What they have in common is a belief that their chosen mistress, Architecture, is all embracing. She is a mistress they give themselves to wholeheartedly and not a passing fancy as she is for most "commercial" architects.

J.G.

John Outram

L'architettura di John Outram è fra le più vibranti e originali che si possano incontrare oggi in Inghilterra. Anche la sua conversazione e i suoi disegni sono intessuti con i riferimenti più eruditi e coloriti all'arte, alla filosofia, alla religione e alla mitologia. Probabilmente, sedendosi nello studio di Outram, un tipico businessman inglese con i piedi per terra direbbe che qui ci sta un sognatore, un soffiatore di bolle di sapone, un cantastorie o un prestigiatore privo di qualsiasi senso pratico. Ma l'abilità di John Outram di costruire i suoi sogni architettonici – e di costruire cose di grande qualità con budget molto limitati – è un vero e proprio fenomeno contemporaneo. Messo di fronte al compito apparentemente banale di progettare magazzini e altri capannoni di basso costo per un uso commerciale, John Outram rivela l'insolita e puntuale capacità di trasformare la commessa più banale in architettura magica. Per Outram non esiste una facile separazione fra l'arte e la scienza né fra il regno dell'immaginazione e quello del mondo di tutti i giorni. Egli rimane uno dei pochi architetti che lasciano dietro di sé nuvole di mitologia classica. Eppure, mentre ancora era studente alla Architectural Association di Londra nei tardi anni Cinquanta, ideò alcuni dei primi progetti high-tech. Ed è stato anche pilota della RAF.

Fra i suoi antenati c'è Sir James Outram, l'eroe di Lucknow e uno dei più insigni soldati inglesi in India. Da questo retaggio indiano Outram potrebbe aver tratto il suo amore per il colore e l'ornamento. Pochi architetti – e certamente nessun architetto britannico – sono così portati a giocare con il colore e a impregnare di colore i loro edifici.

Per raggiungere gli effetti decorativi e coloristici che desidera, Outram inventa i propri materiali da costruzione. Nella sua casa di campagna nel Kent, progettata qualche anno fa, Outram ha rivestito lo scheletro high-tech dell'edificio con un sorprendente gioco di cemento lucido e di un materiale tipo palladiana. Questo materiale, che sembra torrone, l'ha chiamato *Blitzkrete*: composto di un miscuglio di cemento [in inglese, *concrete*] e mattoni polverizzati, ha un suo carattere molto particolare. Quando viene lucidato, fa venire in mente qualche tipo sconosciuto di marmo italiano.

L'abilità nel trasformare una tipologia edilizia elementare – un magazzino industriale, una stazione di pompaggio o, più recentemente, un blocco per uffici – in qualcosa di veramente speciale è il particolare contributo di John Outram all'architettura.

Il suo studio è esattamente come uno se lo può immaginare. Ricorda prima di tutto lo studio di qualche erudito professore o inventore. Le pareti sono costellate di suoi disegni policromi, sul tavolo di lavoro ci sono pile di libri sui templi indù. Questo è un luogo in cui si pensa e si inventa. La nuova tecnologia necessaria per gestire un moderno studio di architettura non è né sottolineata né nascosta, ma semplicemente è una parte del caos generale controllato. Questo è chiaramente il laboratorio di un architetto per il quale le frontiere fra realtà e immaginazione, fra arte, scienza e tecnologia, semplicemente non esistono. Questo è lo studio di uno dei più simpatici e intelligenti architetti e costruttori d'Inghilterra. *J.G.*

■

John Outram's architecture is among the most vibrant and idiosyncratic you will come across in Britain today. Equally his conversation and drawings are patterned and laced with the most colourful and erudite references to art, philosophy, to religion and mythology. Matter-of-fact British businessmen could sit in Outram's studio and convince themselves that here was a dreamer, a blower of bubbles, a story teller or a magician with no practical sense. But John Outram's ability to build his architectural dreams – and to build to an extremely high quality on strictly limited budgets – is a contemporary phenomenon. Faced with what seems like the workaday task of designing warehouses and other low-cost business park "sheds", John Outram has the uncanny and unerring knack of transforming the most banal brief into magical architecture. For Outram, there is no easy divorce between art and science, nor between the realm of the imagination and that of the workaday world. He is one of the few architects who still trails clouds of classical mythology in his wake. Yet, he also designed some of the first recogniseably High-Tech schemes while still a student at the Architectural Association in London in the late 1950s. He is also a former air force pilot.

Outram's ancestors include Sir John Outram, the hero of Lucknow and one of Britain's most distinguished soldiers in India. From this Raj inheritance, Outram might well have developed his love of colour and ornament. Few architects – certainly not British architects – are so willing to play with and to invest their buildings with colour.

To achieve the colourful and decorative effects he wants, Outram invents his own building materials. In the steel-framed country house he designed in rural Kent a few years ago, Outram clad the building's High-Tech skeleton with a remarkable play of polished concrete and terrazzo-like material. This nougat-like material he dubbed "Blitzkrete": composed of a mix of concrete and crushed bricks, the material has a character entirely of its own. When polished it calls to mind an unknown form of Italian marble.

The ability to turn a basic building type – the industrial warehouse, the riverside pumping station and, more recently, the speculative developer's office block into something truly special is John Outram's particular contribution to architecture.

His studio is as you might expect it. It reminds you, first and foremost, of that of some widely learned professor or inventor. The walls are lined with his own polychrome drawings, the desk piled high with books on "Hindoo" temples. This is a place to think and to invent. The new technology necessary to run a modern architectural practice is neither celebrated, nor concealed, but simply a part of the general controlled chaos. This is clearly the workshop of an architect for whom the boundaries between reality and the imagination, between art, science and technology simply do not exist. This is the studio of one of Britain's most likeable and most intelligent architects and builders. J.G.

THE
HINDU
TEMPLE

David Chipperfield

David Chipperfield ha recentemente costruito una nuova sede per il suo studio. Appena si vede questo edificio neo-Corbusiano o tardo-Bauhausiano non ci sono dubbi circa il tipo di progetti che ci si possono aspettare dagli architetti che lavorano qui, a Camden Town. Chipperfield, che si è fatto un nome lavorando con Foster Associates ad alcuni fra i più sofisticati edifici high-tech inglesi degli anni Ottanta, è un Modernista senza pudori. Fa parte di un gruppo di architetti inglesi della generazione più giovane (ha trentasei anni) che guardano al futuro e al tempo stesso sono dei nostalgici del grande periodo "bianco" del Movimento Moderno. Europeo per natura, Chipperfield ha avuto una accoglienza molto più favorevole nell'Europa continentale che in Inghilterra. Ma, come sta accadendo a una schiera sempre più numerosa di architetti inglesi di talento emersi dalla metà degli anni Ottanta, le sue commissioni più importanti le ha ottenute in Giappone.

Come il suo studio, l'architettura di Chipperfield è molto controllata e sembra interamente razionale. Eppure, nei loro chiari riferimenti agli albori del Movimento Moderno, i progetti di Chipperfield sono a modo loro romantici. Questo è stato certamente vero per i suoi primissimi assolo, quando egli si prefisse di raggiungere una qualità costruttiva che i budget all'osso raramente consentono. I semplicissimi, linearissimi edifici di tipo Moderno richiedono paradossalmente capacità costruttive altissime e dettagli perfetti: ogni dettaglio (e, naturalmente, ogni difetto) finisce per essere nella massima evidenza in un edificio bianco, pulito e senza orpelli. Influenzato in pari modo sia dai maestri europei del Moderno sia dall'architettura giapponese tradizionale, il tipo di Modernismo freddo, essenziale di Chipperfield è tutt'altro che semplice. Vestito alla moda con abiti di seta di firma giapponese, senza cravatta, David Chipperfield si armonizza perfettamente con il suo nuovo studio.

J.G.

David Chipperfield has recently built a new office for his practice. From the moment you see this neo-Corbusian or late-flowering Bauhaus building there is no question of the designs you can expect from the architects working here in Camden Town. Chipperfield, who made his name working with Foster Associates on some of the most sophisticated British High-Tech buildings of the 1980s, is an unashamed Modernist. He is one of a number of younger-generation British architects (he is 36) who are both forward looking and nostalgic about the great "White" period of the Modern Movement. A European, by nature, Chipperfield has found much greater acceptance for his work in mainland Europe than in Britain. But, like a growing band of talented British architects who emerged in the mid-1980s, he has won his most important commissions in Japan.

Like his studio, Chipperfield's architecture is highly controlled and seemingly entirely rational. Yet, in its clear references to the early Modern Movement, Chipperfield's designs are, in their own way, romantic. This was certainly true of his earliest solo work, when he wanted to achieve a quality of construction that minimal budgets rarely allow. The irony of clean-cut Modern interiors and buildings is that they require highly crafted building skills and perfect detailing. This is simply because every detail (and equally, every flaw) is on display in a clean, uncluttered white building. Equally influenced by the Modern European masters as well as by traditional Japanese architecture, David Chipperfield's brand of cool, reductive Modernism is far from simple. Dressed, tieless, in fashionable Japanese silk suits, David Chipperfield blends happily into his new studio.

J.G.

Come David Chipperfield, Michael Hopkins proviene dalla scuderia Foster. Da quando ha fondato il suo studio negli anni Settanta, è diventato uno degli architetti inglesi più celebrati. La sua grande idea sta nella sua scoperta relativamente recente che l'architettura tradizionale e l'architettura Moderna rivolta al futuro possono convivere e valorizzarsi reciprocamente. Il suo nuovo Mound Pavilion al campo di cricket di Lord's (il cuore del gioco nazionale inglese) ha avuto l'approvazione sia dei giovani Modernisti dell'ala più tagliente della nuova architettura britannica sia del Principe di Galles. Da allora Hopkins ha ripetuto questo felice connubio fra architettura storica e architettura contemporanea due volte: nello Yorkshire (una fabbrica a pianta circolare per David Mellor, il noto produttore di posateria) e a Londra, a un tiro di schioppo dalla cattedrale di St. Paul, dove sta attualmente trasformando quella che fu la sede del *Financial Times* (uno strambo edificio in stile classico progettato negli anni Cinquanta da Sir Albert Richardson) in un convincente ufficio in stile Moderno/storico. Comunque, Hopkins si è fatto il nome con una serie di edifici high-tech mozzafiato (fra questi, la sua casa a Hampstead e la fabbrica di birra Green King a Bury St. Edmunds) che ben poco devono alla storia dell'architettura. Il suo studio, non lontano dal campo di cricket di Lord's, risale allo stesso periodo. È come una serra gigantesca (grandi piante contribuiscono a creare l'atmosfera da serra) e anche come una macchina che ronza di vita architettonica. *J.G.*

Like David Chipperfield, Michael Hopkins is from the Foster stable. Since setting up his own practice in the 1970s, he has become one of Britain's most celebrated architects. His genius lies in his relatively recent discovery that traditional architecture and forward looking Modern architecture can work together and enhance each other. His recent Mound Pavilion at Lord's cricket ground (the heart of the English national game) has won the approval of both young Moderns at the cutting edge of new British architecture and the Prince of Wales. Hopkins has repeated this happy marriage of historic and contemporary architecture twice since: in Yorkshire (a circular factory for the internationally renowned cutler, David Mellor) and a hymn's chant from St Paul's cathedral in London, where he is currently transforming the former headquarters of the "Financial Times" (a quirky classical building designed in the 1950s by Sir Albert Richardson) into a convincing Modern-meets-historic office. Hopkins made his name, however, with a sequence of dazzling High-Tech buildings (his own house in Hampstead, the Greene King Brewery in Bury St Edmunds among them) that owed precious little to architectural history. His own studio, not far from Lord's cricket ground, dates from this period. It is, in effect, a giant conservatory (large plants add to the greenhouse atmosphere) as much as it is like a machine humming with architectural life. *J.G.*

Leon Krier

Leon Krier spesso appare come un genio solitario e assai discusso. È un architetto che non ha paura di parlar chiaro (sembra infatti uno che cerca lo scontro) e ritiene che Londra, come molte altre città moderne, sia stata frantumata e minata dal massiccio rifiuto dei modelli tradizionali di disegno urbano e di vita. Egli crede che solo riadottando una pianificazione urbana tradizionale o quasi-tradizionale e i relativi modi di vivere si possa riscattare questa Londra corrotta, flatulenta, stanca e dilagante. A questo scopo ha progettato alcuni straordinari piani regolatori per intere zone della città. Il suo progetto per la zona di Spitalfields Market, un vecchio quartiere di Londra che attualmente è minacciato da uno sviluppo edilizio massiccio e globale, è uno dei più umani e realistici; Krier propone un modello di piazze e vie con edifici a schiera nella tradizione londinese. In questo contesto egli immagina una commissione sana, anche se completamente vecchio stile, di case, piccoli uffici, negozi di quartiere e industrie leggere. Chiunque viva qui può percorrere a piedi la distanza fra la casa e il luogo di lavoro. La macchina diventerebbe inutile, così come il bisogno di una rete grande e costosa di trasporti pubblici. Qualche volta Krier non aiuta la sua causa donchisciottesca, ma razionale e gradevole, sovraccaricando i suoi disegni di biplani e automobili con predellini e grandi fari tipo anni Trenta. Ciò nonostante egli è stato il cervello ideatore della città di Seaside sulla costa della Florida e sta attualmente lavorando con il Principe di Galles a una nuova città nel Dorset, dove adotta i principi del suo progetto per Spitalfields. Krier lavora a casa, una bellissima casa del primo periodo vittoriano nel verde di Belsize Park, vicino a Hampstead Heath. Il suo romantico studio ha un profumo mitteleuropeo e della metà del secolo (Krier viene dal Lussemburgo, dove è nato nel 1946); sembra il luogo prediletto di qualche ricco direttore d'orchestra mitteleuropeo (Krier ha l'aspetto di un grande pianista) o di un professore. È uno studio che emana calore, autenticità e quei solidi valori borghesi di vecchio stampo che si riflettono nei progetti architettonici di Krier. *J.G.*

Leon Krier often appears as a solitary and much maligned genius. An architect unafraid to speak his mind (he seems to court controversy), he believes that London, like many modern cities, has been splintered and undermined by its thoroughgoing rejection of traditional patterns of urban design and ways of life. Krier believes that only the reimposition of a traditional or quasi-traditional plan and way of life can rescue a corrupt, flatulent, tired and sprawling London. To this effect he has designed some impressive "master-plans" for whole areas of London. His scheme for the old Spitalfields Market site is one of the most humane and realistic for an old quarter of London that is currently under the threat of a massive and comprehensive redevelopment. Krier proposes a pattern of traditional London squares and terraces. Within these he imagines a healthy, if thoroughly old-fashioned mix of homes, small business premises, local shops and light industry. Everyone who lived here would be within walking distance of their work. The car would be unnecessary, so too would the need for a massive and hugely expensive public transport network. Krier sometimes does his quixotic, yet rational and likeable cause no good by loading his drawings with pre-war biplanes and cars with running boards and big headlamps on stalks. Nevertheless he has masterminded the Florida coastal town Seaside and is currently working with the Prince of Wales on a new town, adopting the principles of the Spitalfields scheme, in Dorset. Krier works from home, a beautiful early Victorian house in leafy Belsize Park near Hampstead Heath. His romantic studio seems somehow middle-European and middle-century (Krier hails from Luxembourg; he was born there in 1946), the haunt of some wealthy middle-European conductor, perhaps, (he has the look of a great concert pianist) or professor. It exudes a warmth, sincerity and solid, old fashioned bourgeois values reflected in Krier's architectural schemes. J.G.

Piers Gough

foto Nick Scott Stewart

Piers Gough, Nick Campbell, Rex Wilkinson

Piers Gough, il socio anziano dello studio CZWG, è un uomo grande e divertente con idee grandi e divertenti. La sua architettura gli corrisponde: è più grande della vita e, per quanto può esserlo l'architettura, calda e spiritosa. Nei primi anni Settanta il suo era il team più ricercato della città. Ogni interno alla moda sembrava essere stato progettato da CZWG, ivi compresi gli uffici più "pazzeschi" che venivano sempre menzionati nella rivista londinese *Time Out* [che segnala tutto ciò che succede in città]. Negli anni Ottanta lo studio CZWG si è ingrandito in modo considerevole e si è orientato verso i mondi dei parchi a tema (tipo parchi safari, paesi in miniatura, ecc.), degli spazi per l'industria leggera e dei grandi appartamenti nell'area in via di recupero dei Docklands, senza però compromettere la sua linea estetica, spesso bizzarra e apparentemente ribelle. Il progetto più spettacolare di tutti fu forse quello di una casa per Janet Street-Porter, un personaggio molto in vista della televisione inglese, produttrice di programmi "giovani"; la casa si trova accanto al macello di Smithfields, nel centro di Londra. Nel frattempo, Gough si era messo assieme al giovane ed esuberante operatore immobiliare Andrew Wadsworth, con il quale ha progettato e costruito alcune enormi aree residenziali piene di colore, fra le quali The Circle, illustrato in questo servizio.

Lo studio di Gough è aperto e amichevole come lui. Situato a Finsbury, una vecchia zona nel centro di Londra che attualmente è in via di rinnovamento, lo studio CZWG si estende dietro un paio di massicce porte di legno dipinte di giallo ocra. L'ingresso di vetro è affiancato da una coppia di grandi colonne che sembrano due giganteschi apri-bottiglie. L'interno – un grande cortile, sovrastato tutt'attorno da una galleria e illuminato dall'alto da un grande tetto di vetro – dà a chi entra l'impressione che si stia lavorando all'aperto. Questo fa sì che ci sia una atmosfera di lavoro rilassata, anche se il grande crollo delle commissioni nell'attuale fase di recessione economica non è altrettanto rilassante per i titolari dello studio. *J.G.*

Piers Gough, the senior design partner in the mellifluously named practice, Campbell Zogolovitch Wilkinson Gough, is a big, funny man with big, fun ideas. His architecture is correspondingly larger than life and, as far as architecture can be, warm and witty. In the early 1970s, his was the hottest architectural team in town. Every fashionable interior seemed to be designed by CZWG including the "wacky" or "zany" (words used then, no longer in currency) offices for London's best listings magazine Time Out. In the 1980s, CZWG expanded considerably and moved into the worlds of business parks, light industrial premises and vast apartments in London's revitalised Docklands without compromising its often outlandish and seemingly wayward aesthetic. The most spectacular scheme of all was, perhaps, a house for the loud television personality and producer of "youth" programmes, Janet Street-Porter, next to Smithfields' meat market in central London. Meanwhile, Gough had teamed up with the ebullient young property developer Andrew Wadsworth, with whom he has designed and built several enormous and colourful housing schemes, including The Circle, illustrated on these pages. An open and friendly character, Gough's studio follows suit. Sited in Finsbury, an old area of central London currently being revived, the CZWG studio is sited behind a massive pair of yellow ochre wooden doors. The glass entrance is flanked by a pair of massive columns in the guise of what seem like giant bottle-openers. The interior, a huge courtyard, overlooked by a gallery and lit from above by a great glazed roof, encourages visitors to feel that they are working outside. This makes for a relaxed working atmosphere, although given a large fall in new commissions during the current severe economic depression, it is altogether too relaxed for the partners of CZWG.

J.G.

Pierre d'Avoine

Pierre d'Avoine vive e lavora in quello che, visto dal fiume, sembra un palazzo veneziano che si sia spostato, sfuggendo all'ancoraggio e mettendosi a vagare fuori del Canal Grande, nella laguna, per finire sulla riva del Tamigi a Mortlake, nella parte ovest di Londra. Ma dalla High Street di Mortlake si vede l'edificio per ciò che è: un ex pub vittoriano in stile veneziano. Per anni d'Avoine ha tenuto gli occhi su questo edificio abbandonato prima di chiedere di comprarlo alla fabbrica di birra cui esso apparteneva. Dopo una lunga battaglia fu raggiunto un accordo e d'Avoine diventò l'orgoglioso proprietario di una delle case più singolari di Londra. Dal suo studio all'ultimo piano ha una vista ininterrotta verso nord, verso est e verso ovest lungo il Tamigi. È un luogo che fa sognare, e in esso è intervenuto d'Avoine con una architettura Moderna ovviamente molto raffinata e pensata.

D'Avoine è uno dei relativamente pochi architetti che hanno un vero amore e una vera comprensione per l'arte e l'artigianato contemporanei. Gli piace lavorare con gente che dell'architettura contemporanea ha una visione particolare: un Arts and Crafts dei nostri giorni, ma passato attraverso il rigore del Movimento Moderno. Le case che d'Avoine ha progettato e costruito recentemente a Kew, non lontano da casa sua, sono un esempio di come il progetto Moderno possa essere fruibile, a costi non alti, da persone che normalmente non penserebbero di vivere in una casa che non fosse pseudo-storica. L'architettura di d'Avoine è un'architettura Moderna rigorosa ma anche accogliente e piena di calore. È difficile credere che questo garbo abbia qualcosa a che fare con l'architetto che dalle sue alte finestre veneziane di Tapestry Court guarda fuori verso il lugubre Tamigi. *J.G.*

Pierre d'Avoine lives and works in what, from the river front, seems like some displaced Venetian palazzo. Did this building escape from its mooring, float out of the Grand Canal, into the lagoon, eventually ending up on the banks of the Thames at Mortlake in west London? But from Mortlake High Street, you can see the building for what it is: a former Victorian pub designed in the Venetian style. D'Avoine had looked longingly at this redundant building for some years before asking the brewery if he could buy it. After much wrangling, the deal was agreed and d'Avoine became the proud owner of one of the most distinctive houses in London. From his top floor studio he has unbroken views, north, east and west along the Thames. It is a dreamy place and d'Avoine's refined Modern architecture has obviously been well thought through.

*D'Avoine is one of a relatively few architects who has a real love and understanding of contemporary art and craft. He likes to employ and work with people with a particular vision of contemporary architecture: a latter days Arts and Crafts, but one brought up through the rigour of the Modern Movement. The houses d'Avoine designed and built recently in Kew, not far from his home, were a good example of how Modern design could become available at low cost to people who would never normally think of living in anything other than a pseudo-historical house. D'Avoine's architecture presents a rigorously thought out Modern architecture in a warm and friendly way. It is difficult to believe that this gentleness has something to do with the architect gazing out from the high Venetian windows of Tapestry Court into the lugubrious Thames. *J.G.**

Julian Powell-Tuck

Nello studio di Julian Powell-Tuck sono racchiuse molte delle idee chiave che furono del precedente studio Powell-Tuck Connor Orefelt e sono del suo nuovissimo Powell-Tuck Associates. Egli è convinto che il modo migliore di realizzare quel tipo di architettura Moderna in cui lui crede sia farlo in prima persona. E di questo ha dato prova non solo con il suo straordinario studio a Fulham (che in gran parte era opera dell'ex socio, Gunnar Orefelt), ma anche con una sorprendente, astratta casa Moderna a Battersea. Questa è la casa che egli vorrebbe comprare per la sua famiglia. Ma, dato che i prezzi degli immobili a Londra sono quello che sono (e cioè terribilmente alti anche in questo periodo di recessione), deve accontentarsi di costruire per gli altri. Il suo talento particolare è stato quello di crescere come architetto rispettabile e serio partendo da un background artistoide e alla moda. Specializzatosi al Royal College of Art, ebbe le sue prime commissioni dai protagonisti del punk: Vivienne Westwood e Malcolm Maclaren. Altre le ebbe dal cantante punk Adam Ant e dal chitarrista Marco Pirroni. Poi, a poco a poco, fu avvicinato da clienti più sobri. Ma i suoi legami con la moda e con la musica gli sono stati molto utili. Di gran lunga il migliore edificio che abbia progettato è lo studio di registrazione Metropolis a Chiswick – davvero emozionante. Dopo queste realizzazioni, lo studio di Powell-Tuck sembra essere diventato più moderato: una bella costruzione a corte, molto bene illuminata sia di giorno che di sera, e gli architetti che lavorano in un ambiente spazioso sotto un soffitto lievemente ricurvo di legno multistrati. Una atmosfera serena che sembra fatta apposta per pensare. *J.G.*

Julian Powell-Tuck's studio embraces many of the key ideas of his former practice Powell-Tuck Connor Orefelt and those of his new, stripped-down practice Powell-Tuck Associates. Powell-Tuck believes that the best way of building the kind of Modern architecture he believes in is to develop it himself. He has proved this not only with his impressive studio in Fulham (largely the work of his former partner Gunnar Orefelt), but also with a striking, abstract Modern house in Battersea. This is the house that Powell-Tuck would like to be able to buy for his own family. But, London property prices being what they are (massively expensive, even during the current depression), he can only build for others. Powell-Tuck's special genius has been to grow and develop as a respected and serious architect out of the most arty and fashionable background. Graduating with a master's degree in design from the Royal College of Art, Powell-Tuck's first commissions were for the protagonists of Punk: Vivienne Westwood and Malcolm Maclaren. Other early commissions were for Punk singer Adam Ant and Punk guitarist Marco Pirroni. Gradually, more sober clients approached Powell-Tuck. But his fashion and music connections have stood him in good stead. By far the best building he has designed is the genuinely exciting "Metropolis" recording studio in Chiswick. After these projects, the Powell-Tuck studio seems quite sober: a handsome courtyard building, beautifully lit by day or night, the architects working in generous conditions under a gently curving plywood roof. In this spacious and serene atmosphere, Powell-Tuck is clearly able to think. *J.G.*

Jeremy Dixon

Superficialmente, lo studio di Jeremy Dixon è parte del vasto impero BDP (Building Design Partnership), certamente il più grande studio inglese di architettura. Da alcuni anni Jeremy Dixon collabora con questo studio al grande progetto della Royal Opera House a Covent Garden. Ma i rapporti a volte tentennano un po': lo studio informale, rilassato e casuale di Dixon è un posto amichevole e accogliente, un mondo a parte rispetto al clima da grandi affari che circola da BDP. Lo studio di Dixon è sotto le righe, non fa nessun particolare dispiegamento di design – è tipico di lui. Dixon dà l'impressione di essere un architetto un po' diffidente e assolutamente non dogmatico, che sarebbe in grado di progettare in qualsiasi stile. In realtà il suo lavoro, molto apprezzato sia dai Modernisti che dai tradizionalisti, ha uno stile preciso. Negli anni Ottanta egli ha progettato una serie di edifici residenziali nella zona ovest di Londra e nei Docklands, in cui ha sviluppato un tema specifico: la riconciliazione fra l'architettura Moderna e il modello residenziale e urbanistico della tradizione londinese. La sua ricerca è stata coronata dal successo. Le case da lui progettate in St. Mark Road a North Kensington e in Lanark Road a Maida Vale sono diventate addizioni gradite nel panorama di Londra. Vecchie e nuove al tempo stesso, esse mostrano il tocco di un architetto serenamente sicuro di sé, che pian piano e in modo pragmatico è riuscito a trovare una sua voce molto personale. In questi ultimi anni Dixon è risucchiato dal progetto della Royal Opera House. È un esercizio bizantino che farebbe perdere la pazienza a un santo, eppure Dixon continua, nella convinzione che alla fine riuscirà a completare il sofisticato progetto come vuole lui. L'ambiente calmo e rassicurante del suo studio sotto le righe gli deve essere di grande aiuto in questo. *J.G.*

Jeremy Dixon's studio is, superficially, a part of the vast Building Design Partnership (BDP) empire. BDP is by far and away the biggest architectural practice in Britain and for some years Jeremy Dixon has been working with the practice on the major redevelopment of the Royal Opera House in Covent Garden. But the relationship is at times a tentative one: Dixon's relaxed, informal, ad-hoc office is a cosy, friendly place a world apart from the big business atmosphere of BDP itself. Dixon's low key studio – it makes no particular design statement – is typical of the architect. For Dixon is a man who gives the impression of a slightly diffident and thoroughly undogmatic architect who might design in any number of styles. In fact his work, much liked by Modernists and traditionalists alike, has its own sure style. During the 1980s, Dixon designed a sequence of housing schemes in west London and in Docklands that developed a specific theme: the reconciliation of Modern architecture with traditional London housing and urban design. His quest was a successful one. The houses he designed at St Mark's Road in North Kensington and Lanark Road in Maida Vale have become much liked additions to the London street scene. At once old and new, they show the hand of a quietly confident architect who has slowly and pragmatically come to find a voice very much his own. In recent years Dixon has been bogged down with the Royal Opera House project. This is a byzantine exercise that would have tried the patience of a saint, yet Dixon has continued with the Opera House in the sure belief that eventually he will be able to complete the sophisticated design he intends. The calm, reassuring ambience of his low-key office must help him along. **J.G.**

Lo studio Peter Leonard Associates di Londra è noto per aver firmato la progettazione di un buon numero di negozi, ristoranti, sigle televisive, logo e packaging, oltre che mobili, lampade e oggetti. In particolare ricordiamo i negozi di arredamento Soho in Poland Street e in King's Road, per cui lo studio ha disegnato non solo gli ambienti e la grafica ma anche tutto ciò che in essi viene venduto (o prodotto sotto questa sigla per essere venduto all'estero), avendo come criterio la ricerca di "un nuovo orientamento per il design inglese, un orientamento che si ispiri alla nostra tradizione piuttosto che a quella di Milano o di Tokio". Assolutamente inglese quindi, nell'impostazione e nella scelta degli arredi, la casa del direttore Peter Leonard che ha sistemato per sé con molto charme un appartamento al piano terreno dell'edificio al numero 153 di Holland Park Avenue. È intervenuto sia sulle finiture sia sulle murature, ma con mano leggera, ricavando un bagno, una cucina e una camera da letto in una spaziosissima stanza sul giardino che prima era solo camera da letto, e una grande sala da pranzo dall'unione della cucina preesistente e di un corridoio.

VERY ENGLISH

project
by
Peter Leonard
Associates

Peter Leonard Associates of London have made a name for themselves as designers of store and restaurant interiors, T.V. corporate identities and on-screen graphics, packaging concepts, furniture and lamps. In particular, the name of the studio is associated with the two Soho furnishing stores in Poland Street and King's Road, for which it designed not only the interior and corporate graphics but also all the Soho label furniture sold here and abroad, the aim being to seek "a new direction for British design, one which takes its inspiration from our own tradition rather than from that of Milan or Tokyo". It therefore comes as no surprise to discover that Peter Leonard's own home is very English in both its overall design and the choice of furnishings; the apartment he has renovated, endowing it with charm, is situated on the ground floor of 153 Holland Park Avenue. With the lightest of touches he has modified both the internal partition walls and the fittings. A large room overlooking the garden at the back, which was originally just a bedroom, has been divided up to create a bedroom, kitchen and bathroom, and in the central part of the apartment the former kitchen and a corridor have been combined to form a spacious dining-room.

● Nelle pagine precedenti: la facciata dell'edificio, una veduta dell'elegante Holland Park Avenue, la grande *bay window* della camera da letto che guarda a sud, verso il giardino, verso un albero di sicomoro le cui foglie filtrano delicatamente la luce. Al centro un tavolino da tè inglese in mogano della metà dell'Ottocento.
● A destra: una veduta più generale della camera da letto. Qui sotto: una ripresa dalla sala da pranzo verso il soggiorno, dove un pianoforte a coda è stato situato nella *bay window* verso la strada; ai lati della grande porta di quercia, due urne di marmo bianco dei primi dell'Ottocento su plinti di pietra. Il pavimento delle due sale è di legno di castagno recuperato da una vecchia sala da ballo. In basso: particolare del

soggiorno, con un divano "Portland" in pelle e due tavolini "Quadrant", tutto ovviamente di Soho; alla parete un arazzo fiammingo del XVII secolo. Nella pagina a lato: una ripresa del soggiorno verso la sala da pranzo. Anche questa sala, quasi perfettamente quadrata, dà sul giardino con una finestra che arriva al pavimento; in corrispondenza della finestra è stato aggiunto sulla facciata posteriore un balcone di ferro battuto proveniente da una casa inglese del periodo Regency. Il lampadario Impero è francese, il comò in radica di noce è tedesco del XVIII secolo. Ma sul comò c'è un oggetto di gusto Vittoriano puro, che può essere apprezzato pienamente forse solo da un inglese: un'urna da tè d'argento appartenuta al bisnonno del padrone di casa.

VERY ENGLISH

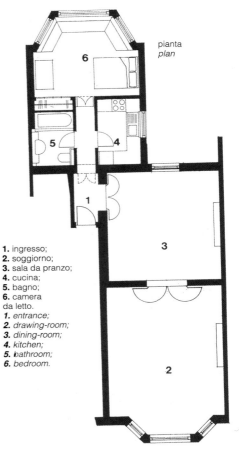

pianta
plan

1. ingresso;
2. soggiorno;
3. sala da pranzo;
4. cucina;
5. bagno;
6. camera da letto.
1. *entrance;*
2. *drawing-room;*
3. *dining-room;*
4. *kitchen;*
5. *bathroom;*
6. *bedroom.*

• *Previous pages: the front of the house, a view of Holland Park Avenue, and the large bay window in the bedroom, which looks south towards the garden and a sycamore tree, whose leaves delicately filter the light. In front of the window stands a mid-19th-century English mahogany tea-table.*
• *Top: a broader view of the bedroom. Above: looking from the dining-room towards the drawing-room, where a grand piano sits in the recess of the bay window over-looking the street; the large oak double doors are flanked by a pair of early 19th-century white marble urns on stone plinths.The floor in the two rooms is laid with chestnut floorboards, salvaged from an old dance hall. Left: a detail of the drawing-room,*

showing the Portland leather sofa and two Quadrant coffee tables, naturally all from Soho. Behind the sofa, a seventeenth-century Flemish tapestry. Facing page: the dining-room seen from the drawing-room. The dining-room, which is almost a perfect square, also overlooks the garden through a full-height sash window. An ornate cast-iron balcony from an English Regency house was added outside the window at the back. The chandelier is French Empire, and the walnut commode eighteenth-century German. Standing on the commode is an object which perhaps can be fully appreciated only by the English: a high Victorian silver tea-urn which once belonged to Peter Leonard's great-grandfather.

LIVING OUTSIDE THE HEART OF THE METROPOLIS: NEAR LONDON

Abitare alle porte della metropoli: vicino a Londra

Rick Mather, David Naessens and Tom Croft, architects

Alla periferia di Londra c'è un gruppo di edifici di mattoni costruiti in epoca vittoriana come studi di artisti: i Wychcombe Studios. Uno di essi è stato ora ristrutturato e trasformato in abitazione per un mercante d'arte. I progettisti cui fu affidato il lavoro colsero subito la qualità dell'architettura, benché oscurata negli interni da incongrue sovrastrutture accumulatesi nel corso degli anni. Ed è il ritrovamento di questa qualità che sta alla base del loro progetto. Un finestrone ad arco, rivolto a nord su una piazza-giardino privata e coronato da un frontoncino triangolare, permette di vedere anche dall'esterno il lavoro fatto. Lo spazio principale al di là del vetro (una metà circa della superficie disponibile) è stato infatti "denudato" — per rivelarne e valorizzarne il volume — ed è diventato un grande soggiorno con la parte centrale a doppia altezza. Il soggiorno termina con un'area semicircolare a forma di abside, in perfetto asse con la vetrata anteriore. Dall'abside si può accedere alle camere da letto e ai bagni, situati al piano terreno nella parte posteriore della casa, o si può prendere una leggera scala a spirale che porta alla gran balconata del piano superiore, affacciata sul soggiorno. E dalla balconata con una passerella si può penetrare sul retro in una stanza molto particolare: una stanza coperta da un tetto piramidale di vetro, un giardino d'inverno che gode dell'esposizione a sud e costituisce una sorprendente, piacevolissima conclusione dell'itinerario. Nel guscio vittoriano, ribaltati tutti i canoni della casa inglese, si è creata una nuova qualità che si basa sullo spazio aperto, sulla luce, sulla trasparenza.

●

Located in a north-west London suburb, Wychcombe Studios were built in Victorian times as artists' studios. One of them has now been renovated and converted into an art dealer's home. The architects were immediately struck by the inherent qualities of the building, even though the interior had been obscured over the years by unsympathetic additions. Bringing these qualities to light provided the basis for the project. Topped by a triangular pediment, a double-height arched window looks out north across a garden square, allowing outsiders a glimpse of the work that has been done inside. The main space behind the glazing (accounting for about half of the total) was stripped back to reveal and enhance its simple volume, and has become the living area; the central part of this is double-height. The living area ends in a semicircular apse, which is perfectly aligned with the double-height window. The apse leads to the bedrooms and bathrooms, all of which are situated at the rear of the house on the ground floor; it also leads up to the upper floor — by means of an airy spiral staircase — where a large gallery overlooks the living area. From here, a "transparent" perforated metal bridge leads into a very particular room indeed: a south-facing conservatory roofed over by a glass pyramid — a delightful and unexpected finishing touch to the itinerary. All the traditional canons of the English house have been banished from the Victorian shell, in which new qualities have been created, based on open space, light, and transparency.

● Nel muro di mattoni, sulla destra del finestrone ad arco che guarda la piazza-giardino, si vede la porta d'ingresso dipinta d'azzurro.

● *The pale-blue front door can be seen here, to the right of the arched, double-height window which looks out across the garden square.*

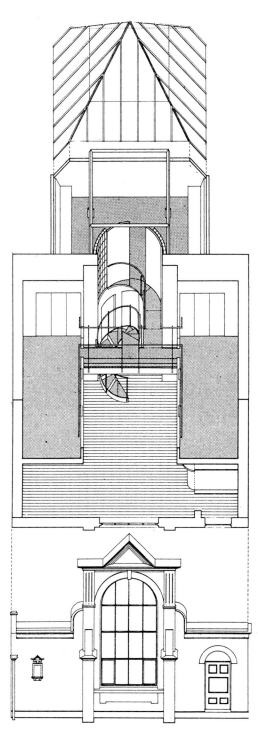

esploso
assonometrico
*exploded
axonometric*

● Nella foto in questa pagina: il tetto a piramide del giardino d'inverno, fatto di pannelli di vetri doppi su telaio di alluminio. Nella pagina a lato: un altro segno nuovo, la svelta curva del corrimano della scala in tubo d'acciaio inossidabile.

● *Photo this page: the conservatory's pyramid-shaped glass roof is composed of double glazed panels and aluminium bars. Facing page: another modern touch is provided by the smart, curved, stainless steel handrail.*

LIVING OUTSIDE THE HEART OF THE METROPOLIS: NEAR LONDON

sezione
section

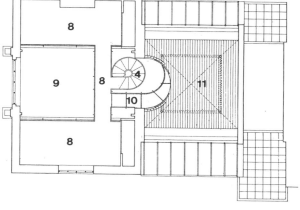

pianta del primo piano
first-floor plan

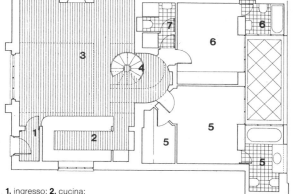

pianta del piano terreno
ground-flo plan

N

1. ingresso; 2. cucina;
3. soggiorno (a doppia altezza nella parte centrale); 4. area a forma di abside con scala interna a spirale; 5. camera da letto con bagno e cabina-armadio; 6. camera da letto con bagno; 7. bagno; 8. balconata del primo piano; 9. vuoto sul soggiorno; 10. passerella che porta al giardino d'inverno;
11. giardino d'inverno.
1. *entrance hall;* 2. *kitchen;*
3. *living area (double height in the centre);* 4. *apse-shaped space with spiral staircase;*
5. *bedroom with bathroom and walk-in closet;* 6. *bedroom with bathroom;* 7. *bathroom;*
8. *gallery overlooking living area;* 9. *well over living area;*
10. *bridge leading to conservatory;* 11. *conservatory.*

● La foto a sinistra mostra i due livelli della casa; in basso, la zona ad abside conclusiva del soggiorno e l'inizio della scala; in alto, la balconata sul soggiorno e la passerella di metallo forato che porta al giardino d'inverno. Di quest'ultimo si ha una visione più ravvicinata nella foto piccola. Si distinguono le tende a rullo che schermano i vetri, il divano, il pavimento di faggio sbiancato come quello del soggiorno al piano inferiore (i pavimenti delle camere e della balconata e i gradini della scala sono di moquette grigia). Il giardino d'inverno si può chiudere con porte scorrevoli ricurve che seguono la forma dell'abside; ma generalmente resta aperto perché la sua luce possa scendere nella parte più interna della casa. Nella foto alla pagina a lato: la cucina sotto la balconata, con il lungo piano di lavoro a "U" di granito grigio aperto sul soggiorno.

● The photo on the left shows the two levels of the house: downstairs, the apse-shaped space at the end of the living area, and the beginning of the staircase; upstairs, the gallery overlooking the living area and the perforated metal bridge leading to the conservatory. A closer view of the latter is shown in the small photo. Note the roller blinds screening the glass panels, the couch, and the bleached beech flooring, similar to that in the living area on the ground floor (grey carpet has been used for the bedrooms, the gallery, and the stair treads). The conservatory can be closed off by closing the curved sliding panels, which follow the shape of the apse. Normally, however, it is left open to allow its light to permeate the inner core of the house. Facing page: the kitchen underneath the gallery, with the long U-shaped work counter in grey granite, which overlooks the living area.

Già negli anni Trenta queste case vittoriane di Notting Hill avevano subito una ristrutturazione e da dimore unifamiliari di un certo tono erano state trasformate in case d'appartamenti (uno per piano). Quella di cui ci occupiamo ha subito recentemente una seconda ristrutturazione, che ne ha mutato ancora la distribuzione interna con lo spostamento della scala e la creazione di appartamenti su più piani. Uno di questi è stato comprato da una pittrice italiana di trompe-l'oeil. Lei entra dal portone al piano rialzato, sale una scala comune fino al pianerottolo del primo piano, apre una delle due porte ed è in casa sua. Ma a questo livello c'è solo l'inizio della sua scala privata poiché le stanze si trovano ancora più in alto, la zona giorno al secondo piano e le camere da letto al terzo. Ancora una scala e si arriva sul tetto, dove c'è il suo terrazzo con al centro una stanza coperta di vetro che potrebbe essere un giardino d'inverno ma che lei, non avendo il pollice verde, usa soprattutto per fare in santa pace la colazione del mattino. Sulle strutture murarie non è intervenuta: ha tenuto ciò che ha trovato cambiando solo alcune finiture fra le quali la ringhiera della scala, che era stata rifatta male su un meno che mediocre modello vittoriano e che lei ha sostituito con una nuova ringhiera di ferro e rame commissionata a un amico, l'artista Tom Dixon.

THEME ON FOUR FLOORS

Svolgimento su quattro piani

These late-Victorian houses in Notting Hill were renovated for the first time in the 1930s, when what had been single-family houses of a certain social tone were converted into apartments (one per floor). The house featured here has recently undergone a second renovation: the distribution of the interior spaces has been changed yet again by shifting the staircases and creating multi-level apartments. One of these has been purchased by an Italian artist whose speciality is trompe-l'oeil. She enters the building by the front door on the raised ground-floor level, climbs a flight of stairs (shared by the inhabitants), opens one of the two doors on the first-floor landing, and she's home. But on this level there is nothing more than her private staircase: the rooms are higher still, the living area on the second floor and the bedrooms on the third floor. Another flight of stairs leads up to the roof. There is a terrace here, and in the centre of it stands a room with a glazed roof. It could be used as a winter garden, but gardening isn't the artist's forte. Instead, she prefers to have her breakfast in it, in peace and quiet. She hasn't made any structural changes to the apartment, and apart from changing some of the features has left it the way she found it. The banisters, for example, were a shoddy copy of an undistinguished Victorian model, and these she has replaced with a new iron and copper balustrade, commissioned from a friend, artist Tom Dixon.

pianta precedente del secondo piano
(un appartamento completo)
previous plan, second floor (a complete apartment)

pianta attuale del secondo piano
(zona giorno del nuovo appartamento)
present plan, second floor (living area of new home)

1. scala privata; **2.** zona conversazione;
3. zona pranzo; **4.** cucina.
l. private staircase; 2. conversation area;
3. dining area; 4. kitchen.

• A sinistra: una immagine della scala con la nuova ringhiera. La foto è ripresa dal pianerottolo del secondo piano (zona giorno) e mostra la grande finestra ad arco affacciata sul giardino e l'altissima libreria (accessibile con una apposita scaletta di legno) che tappezza tutta una parete del vano della scala; al centro, un lampadario di ferro e vetro di André Dubreil. Così trattata, la scala non è più soltanto un elemento funzionale della casa ma una zona piacevolmente abitabile come le altre. Nella foto in basso: la stanza sul terrazzo, con la copertura di vetro.
• Nella pagina a lato: in alto la zona conversazione, in basso la zona pranzo (sul fondo la porta della cucina). I due ambienti sono aperti l'uno sull'altro, la divisione essendo segnata solo dal dislivello di un gradino. Identiche le finiture: un alto zoccolo in finto marmo che prosegue come cornice attorno alla porta e il pavimento rifatto, per sostituire la solita moquette inglese, in lastre di legno di quercia. L'arredamento è molto misurato: di fronte al camino un tavolino basso indiano della fine dell'Ottocento e un divano Chesterfield ricoperto di velluto "stropicciato" (Osborne & Little); una sedia in tondino di ferro, di Tom Dixon; una lampada a stelo in vetro, di Danny Lane; tre tavolini sovrapponibili degli anni Cinquanta, in legno di noce e vetro; ai lati della porta, otto disegni di Gilbert & George; sul tavolo, due vasi di Venini del 1951. Il tavolo e le finestre sono "vestiti" con teli di cotone molto leggero, stropicciato e drappeggiato (le tende hanno anche uno strascico), che danno all'insieme morbidezza e un tono un po' casuale (invece è calcolatissimo).

• Left: a view of the staircase with the new banisters. The photograph was taken from the landing on the second floor (living area) and shows the large arched window looking out over the garden and the very high bookcase (a wooden stepladder is needed) covering one entire wall of the stairwell; in the centre, an iron and glass ceiling lamp by André Dubreil. Treated this way, the stairwell is no longer a merely functional element, but a pleasantly liveable area like the others in the home. Bottom left: the glass-topped room on the terrace.
• Facing page: above, the conversation area; below, the dining area (with the kitchen door in the background). These two areas are entirely open to one another, the division marked only by a difference in height of a single step. Their finishings are identical: a high dado in faux marble which goes on to become a frame around the door, and new oak flooring in place of the wall-to-wall carpeting generally found in British homes. The furnishings are sober: in front of the fireplace, a low Indian table from the late nineteenth century, and a Chesterfield upholstered in crushed velvet (by Osborne & Little); a chair in tubular iron, by Tom Dixon; a glass floor lamp by Danny Lane; a nest of three walnut and glass tables from the 1950s; on the table, two Venini vases dated 1951. The table and windows are "dressed" with very light woven cotton, creased and loosely draped, giving softness to the ensemble and an effortlessly casual appearance (in reality, deliberately calculated).

Facciamo uno stacco dal vittoriano imperante, almeno nell'involucro, della casa precedente per osservare un esempio piuttosto stravagante di casa unifamiliare londinese dei nostri giorni. Rimane la canonica distribuzione su più piani, senza la quale per gli inglesi una casa non è una casa ma un semplice appartamento, dalla maggior parte delle persone considerato un ripiego, un male necessario della metropoli moderna. Ma per il resto, sia dentro che fuori, non si può certo parlare di conformismo bensì, al contrario, di associazioni a briglia sciolta fra elementi vari ed eclettici dell'immaginario architettonico. La casa è opera recentissima di CZW&G, autori, fra l'altro, di un grande edificio chiamato Cascades, che per la sua dimensione e per la sua forma appunto a cascata è ormai diventato un *landmark*, un riferimento visuale importante nell'enorme area dismessa dei vecchi docks dove è in atto una discussa, travolgente e stravolgente ristrutturazione urbana. Questa casa di ben minori proporzioni — quasi un *divertissement* — l'hanno costruita per Janet Street-Porter, uno dei personaggi chiave della televisione britannica che in anni passati era stata loro compagna di scuola. D'accordo con lei si sono sbizzarriti con le forme e i materiali, approfittando del fatto che la strada in cui il lotto di trova — Britton Street a Clerkenwell, in una zona di impianto medioevale fra la City e il West End — è già di per sé un campionario di stili: dalle case a schiera Regina Anna del XVII secolo ai condomini anni Sessanta, dal palazzo "Italianate" a una distilleria di gin in stile Moderno. La loro opera va allegralmente ad accrescere la babele delle presenze. Vediamo dunque un edificio ad angolo, con due insoliti balconi ingabbiati sullo spigolo smusso; un alto tetto lucido blu; muri ingannatori di mattoni che digradando in quattro toni dal marrone al beige chiaro producono un effetto perenne sole-ombra; sovrapposte ai muri grandi griglie fuori scala che i progettisti definiscono a "diamante"; finestre con spaziatura regolare ma anch'esse grigliate a diamante e sormontate da capricciosi architravi di cemento che simulano un tronco d'albero; e infine un vero e proprio "verone" conico in cui ci si può sedere e alla cui sommità, oltre l'architrave, sono eternati in un pannello triangolare i nomi dei progettisti (vedi la foto alla pagina a lato).

THOROUGHLY ATYPICAL

In tutti i modi, atipica

Nick Campbell, Roger Zogolovitch, Rex Wilkinson & Piers Gough, architects

We now make a clean break with the outwardly Victorian appearances of the previous house, to take a look at a rather extravagant example of a present-day single-family London home. The orthodox distribution of spaces on several floors remains, without which a British home is not a house but only a flat, considered by most to be a solution born of necessity, a necessary evil of modern city life. But apart from this, the house could never be accused of being conventional, whether inside nor out. On the contrary, it is a free assiociation of various eclectic elements taken from the architectonic fantasy. The house is one of the latest designs by CZWG who, among other things, also designed the large Cascades building which, thanks to its size and eponymous form, has become a landmark in London's Docklands, where a much-discussed, sweeping urban renewal is under way. This much smaller building — almost a diver-tissement — was built for Janet Street-Porter of the BBC who was for a time a contemporary of the architects at architectural college. With her blessing they let themselves run wild with shapes and materials, taking advantage of the fact that the site is on Britton Street in Clerkenwell, an area between the City and the West End, with a mediaeval street plan and boasting a variety of styles that go from 17th-centuy terraced Queen Anne houses to 1960s condos, an Italianate palazzo, and a Moderne gin distillery. Their work joins in merrily into the riotous confusion. What we see is a house on a corner, with two unusual caged balconies on the cut-off corner; a steeply pitched, blue glazed roof; four-colour brick walls in various shades ranging from pale beige to brown which create a constant effect of sunlight and shadow; large intersecting diamond frames superimposed on the walls; mullion-patterned windows spaced at regular intervals, topped by capricious log-shaped lintels of cast concrete; and finally, a balcony in the form of a conical seat, topped by another log lintel, which is surmounted in turn by a triangular plaque on which the names of the architects have been engraved for posterity (photo facing page).

THOROUGHLY ATYPICAL

● Si entra per un cancello laterale (all'estrema destra nella foto in basso) che introduce in un piccolo cortile-parcheggio. Qui si trova, sul muro est, la porta d'ingresso della casa, una porta *prison-like*, come di prigione. Al muro est è stata data una forma curva per lasciare luce alle finestre posteriori dell'edificio adiacente. Ed è questa forma che ha generato la forma della casa, la quale, pur insistendo su un lotto rettangolare, ripropone continuamente al suo interno spazi curvilinei. Anche il terrazzo all'ultimo piano ha questa forma, come si vede nella foto alla pagina a lato. Al terrazzo si arriva esclusivamente per una scala esterna; lo si attraversa e si entra nello studio ricavato sotto il grande tetto blu di tegole alla fiamminga. L'impossibilità di accedervi per una scala interna è un'idea della padrona di casa, che voleva avere un luogo dove lavorare senza farsi prendere dalla tentazione di occuparsi di cose domestiche. Dentro, tutta la luce del finestrone triangolare, un pavimento di piastrelle di cemento che continua quello del terrazzo, pareti e soffitto rivestiti di compensato impiallacciato che simula un intarsio, una scrivania di Derry & Toms, uno spettacolare lampadario di Patrice Butler (vedi foto al centro) fatto con un colapasta, collane e stampi di budino.

● A side gate (extreme right of bottom photo) leads into a small courtyard/parking area. Here, in the east wall, is the house's prison-like entrance door. The east wall was curved to allow light to enter the rear windows of the neighbouring building. The curve generated the form of the house, which stands on a rectangular site but which nonetheless abounds with curves. The roof terrace has the same form, as can be seen on the facing page. Access to the terrace is via an external staircase and here a door leads into the studio, which nestles underneath the large roof of blue glazed tiles. The idea of not providing access to the studio from the interior was the client's: she wanted somewhere where she would be far removed from domestic distractions and free to work as she pleases. Inside, a large, triangular window lets in plenty of light, the floor is paved with the same concrete as the roof terrace, the walls and ceiling are lined with "stirling" board (plywood which looks like abstract marquetry), and the furnishings include a Derry & Toms desk and a spectacular chandelier by Patrice Butler (centre photo), which is made of a colander, necklaces and an assortment of pudding moulds.

terzo piano
1. studio e terrazzo.
third floor
1. studio and roof terrace.

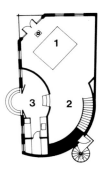

secondo piano
1. soggiorno; **2.** zona pranzo; **3.** cucina.
second floor
1. living room; 2. dining area; 3. kitchen.

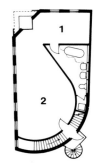

primo piano
1. spogliatoio; **2.** camera da letto.
first floor
1. dressing room; 2. bedroom.

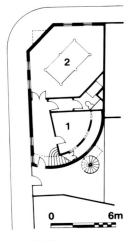

0   6m

piano terreno
1. camera degli ospiti; **2.** sala del biliardo.
ground floor
1. guest bedroom; 2. billiards room.

THOROUGHLY ATYPICAL

• Soggiorno, pranzo e cucina sono stati situati al secondo piano per godere della vista migliore. A sinistra: la zona pranzo con, sul fondo, la porta verso la scala. Le pareti di intonaco colorato in pasta hanno toni sempre più chiari man mano che si sale, per accompagnare anche all'interno della casa le sfumature dell'esterno. Il pavimento della zona giorno è di cemento lucidato, salvo un inserto di legno di quercia nella zona conversazione e una striscia di grigliato metallico contro la parete curva della zona pranzo (vedi ancora la foto) sopra la scala, il cui parapetto non è altro che la continuazione in verticale di questa striscia, come il coperchio sollevato di una botola. Il tavolo è stato prestato a Janet dagli architetti, le sedie di rafia sono di Tom Dixon, la scultura alla parete è di Chuck Arnaldi. La cucina è delimitata da un muro curvo che sporge verso il soggiorno a segnare il limite fra zona conversazione e zona pranzo. Al primo piano c'è la camera da letto con uno spogliatoio adiacente, arredato con armadietti metallici da spogliatoio di fabbrica e con un tappeto di Patrick Caulfield (foto piccola). Il letto (foto in basso) non è altro che un grande carrello per usi industriali. In questo piano il pavimento è rivestito di acero mentre il soffitto, come negli altri piani, è lasciato a nudo e mostra la struttura grezza delle putrelle e dei blocchi di cemento. Infine la scala (foto alla pagina a lato). Va dal piano terreno al secondo con una rampa continua e solo un breve spazio di sosta al primo primo per permettere l'accesso alla camera da letto. Sembra una di quelle scale ricavate anticamente entro gli spessi muri delle torri o dei castelli (o delle prigioni); solo che, invece delle feritoie, qui ci sono su entrambe le pareti vari ordini di piastrelle di vetrocemento che danno un po' di luce.

• The living-room, dining area and kitchen have been located on the second floor, so as to give them better views. Left: the dining area, with the door to the staircase in the background. The coloured plaster walls grow lighter in tone as they move upwards, miming the effect on the exterior walls. The floor in the living area is of polished concrete, except for an oak parquet "rug" in the centre of the conversation area. The dining area extends over the staircase with a perforated steel floor, and the balustrade appears to be an opened trap-door of the same. The table was lent to Janet by the architects, the raffia chairs are by Tom Dixon, and the wall sculpture is by Chuck Arnaldi. The kitchen is defined by a curved wall that juts into the living area and separates the conversation area from the dining area. On the first floor, the bedroom has an adjoining dressing-room which is furnished with metal lockers and a Patrick Caulfield carpet (small photo). The bed (bottom) is an industrial trolley. The floor is maple while the ceiling, as on the other floors, is the bare underside of the concrete beam and pot construction. Lastly, the staircase (facing page) extends from the ground floor to the second floor in one continuous sweep, with only a small landing on the first floor to allow access to the bedroom. It seems like one of those antique stairways carved out between the thick walls of a tower or castle (or prison). But instead of embrasures for defence, there are reinforced glass bricks, which let in a little more light.

Un luogo di lavoro davvero spettacolare: una immensa vetrata in riva al Tamigi e, dall'altra parte del fiume, il quartiere di Chelsea; tredici tavoli di 11 metri di lunghezza disposti a pettine rispetto alla vetrata, in modo che ogni persona, alzando gli occhi dal lavoro, possa godere della sua parte di paesaggio. Lo studio di architettura che fa capo a Sir Norman Foster ha lasciato recentemente le due sedi separate che aveva nel centro di Londra e si è riunito in questa nuova sede che si trova in un edificio affacciato in bellissima posizione su Chelsea Reach, il tratto di fiume fra l'Albert Bridge e il Battersea Bridge. L'edificio è stato progettato dallo stesso studio che ha riservato per sé l'intero primo piano, un salone di 60 metri per 24, alto 6,5, con un secondo piano mezzanino addossato alla parete interna; il piano terreno è invece affittato ad altri uffici mentre i piani dal terzo al settimo sono occupati da trenta appartamenti e l'ottavo da due attici adibiti a studio/abitazione.

A GLAZED WALL FOR ENJOYING THE THAMES

Una parete di vetro lungo il fiume

project by Foster Associates

A workplace with a spectacular view: an immense glazed front looking out over the Thames to Chelsea, and thirteen 11-metre-long working benches arranged at right angles to the glazed walls so that everybody can get their fair share of the river view. Architect Sir Norman Foster's firm, Foster Associates, has recently moved from its two separate central London premises to this new building of its own design. The location, at Chelsea Reach on the south bank of the Thames, between Albert Bridge and Battersea Bridge, is outstanding. The firm reserved the entire first floot for itself, and the main studio is a 60 metre long, 24 metre deep and 6.5 metre high space with a mezzanine running along the inside wall. The basement office space has been rented out to other companies, levels three to seven contain thirty private apartments, and level eight consists of two studio/living penthouses.

A GLAZED WALL FOR ENJOYING THE THAMES

● Nella foto piccola, ripresa da Chelsea, si vede l'edificio spiccare bianco sulla riva opposta, con l'Albert Bridge sulla sinistra e, sulla destra, una zona di capannoni e bassi edifici industriali destinati alla riconversione. Nella foto grande: una immagine ravvicinata scattata dal fiume, di notte, con tutte le luci dello studio accese. Fra l'edificio e il fiume c'è soltanto lo spazio di uno stretto percorso pedonale, una passeggiata che corre lungo tutta la facciata e poi continua sul lato sinistro fiancheggiando lo specchio d'acqua del Ransomes Dock.

● *The small photo taken from Chelsea shows the white building standing out on the opposite bank, with Albert Bridge on the left and an area of low industrial buildings awaiting reconversion on the right. Large photo: a close-up view of the building from the river, taken in the evening with all the lights in the studio on. The only thing between the building and the river is a narrow footpath, which runs along the façade and then turns left along Ransomes Dock.*

fronte sul Tamigi
elevation on Thames

A
GLAZED
WALL
FOR
ENJOYING
THE
THAMES

● Nell'assonometria si
vede il cortile
posteriore, quindi un
corpo vetrato a sé stante,
a due piani, situato
all'estremità del cortile
stesso, e infine un corpo
di raccordo con una
parte a pensilina; in
questo corpo è
contenuto uno scalone
che si sale
piacevolmente e che
porta esclusivamente al
piano dello studio, dove
si trova il grande salone
di lavoro con il
mezzanino; sopra e sotto
il mezzanino sono stati
ricavati alcuni locali di
servizio (archivi,
biblioteca, salette per le
proiezioni, spogliatoi,
ecc.). Nella foto piccola:
lo scalone visto dall'alto
con, sulla destra, il
parapetto che delimita
una zona bar riservata ai
dipendenti dello studio.
Nella foto grande: lo
scalone ripreso dal
basso e il tavolo della
reception (di Tecno) alla
sommità.

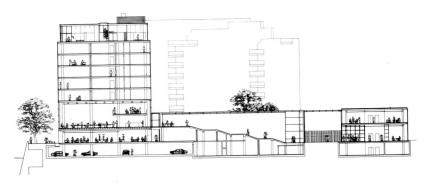

sezione longitudinale
longitudinal section

assonometria
axonometric

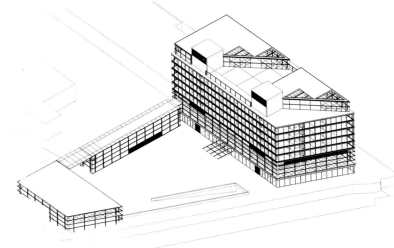

1. percorso pedonale lungo il
Tamigi; **2.** ponticello sul
Ransomes Dock; **3.** percorso
pedonale lungo il Ransomes
Dock; **4.** entrata al complesso
(passando sotto una pensilina
di vetro); **5.** corpo posteriore
affittato a uffici; **6.** cortile;
7. rampa di discesa al garage;
8. scalone a uso esclusivo
dello studio Foster Associates
(con una zona bar addossata
a una parete); **9.** reception
dello studio; **10.** studio (il tratto
più scuro contrassegna la
zona del mezzanino).
1. footpath along the Thames;
2. bridge over Ransomes
Dock; 3. footpath along
Ransomes Dock; 4. entry to
the complex (under a glass
canopy); 5. pavilion at the
rear, rented out as offices;
6. court; 7. ramp leading
down to garage; 8. staircase
for exclusive use of Foster
Associates (with a bar along
one wall); 9. Foster
Associates reception area;
10. main studio (the darker
line indicates the mezzanine).

● *The axonometric*
shows the rear court,
which has a separate
two-storey glazed
pavilion at the end. The
covered block
connecting the pavilion
to the main building
contains stairs up to
the floor housing the
studio with its
mezzanine. A service
zone has been created
above and below the
mezzanine for
document filing,
library, audio visual
presentation spaces,
etc. Small photo:
looking down at the
stairs from the first
floor; on the right, the
parapet delimiting the
bar area reserved for
company personnel.
Large photo: a view up
the stairs; the reception
desk at the top was
supplied by Tecno.

pianta
plan

● Nel disegno e nella foto piccola: due immagini che illustrano le soluzioni tecnologiche adottate per gli impianti. Il soffitto, realizzato con pannelli di tessuto speciale su strutture Royale, contiene gli apparecchi per l'illuminazione generale, le unità fan coil lungo il perimetro, il sistema di umidificazione, il sistema di allarme anti-incendio e i rivelatori di fumi. Sotto il pavimento ispezionabile (di Goldbach) sono invece situati i condotti e le bocchette dell'aria condizionata nonché i cavi telefonici, elettrici e dei computer che confluiscono in colonnette di alimentazione poste sotto i tavoli (due per tavolo). Per ciò che riguarda l'arredamento, oltre ai grandi tavoli forniti da Brent Metals, ci sono piccoli tavoli rotondi di Vitra, sedie pure di Vitra, e armadiature bianche di Design Workshop nella zona del mezzanino. Il grande salone, specie se visto dall'alto, offre un colpo d'occhio impressionante cui contribuiscono parecchi elementi: fra questi certamente le dimensioni, il gran numero di persone che vi lavorano (lo studio ha centocinquanta dipendenti e opera in varie parti mondo) e, *last but not least*, la trasparenza e la stupenda relazione con il fiume e la città.

A GLAZED WALL FOR ENJOYING THE THAMES

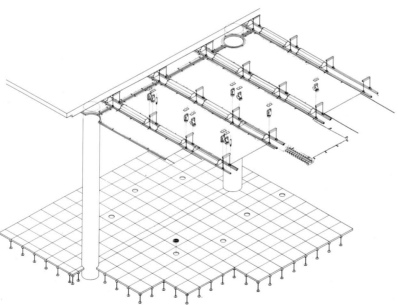

● *The drawing and the small photo illustrate the technological solutions used for the services. The ceiling, made of Unistrut Royale filled in with fabric panels, contains fluorescent downlights, fan coil units along the perimeter, the sprinkler system, smoke detectors and the fire alarm. The services under the raised access floor (by Goldbach) include the air-conditioning duct with outlets, and telephone- data-power cabling terminating in totem poles (two per table). The furniture, apart from the big working tables which were made by Brent Metals, include small round tables supplied by Vitra, chairs again by Vitra, and white storage units (made by Design Workshop) in the mezzanine area. Various elements contribute to make the main studio an impressive space to look at, especially from overhear: the dimensions in particular, the large number of people that work here (the firm has 150 employees and operates in various parts of the world), and, last but not least, the transparency and the amazing rapport with the river and the city.*

SWITZERLAND

Jean-Jacques Rousseau, *Le Confessioni*

Mi inoltro in un'impresa senza precedenti, l'esecuzione della quale non troverà imitatori. Intendo mostrare ai miei simili un uomo in tutta la verità della sua natura; e quest'uomo sarò io. Io solo. Sento il mio cuore e conosco gli uomini. Non sono fatto come nessuno di quanti ho incontrati; oso credere di non essere fatto come nessuno di quanti esistono. Se pure non valgo di più, quanto meno sono diverso. Se la natura abbia fatto bene o male a spezzare lo stampo nel quale mi ha formato, si potrà giudicare soltanto dopo avermi letto.

•

I take on an unprecedented task, which will be imitated by no one. I intend to show my fellow creatures a man in his true colours; that man will be me.

Myself only. I feel my own heart and know men. I am made like no other I have met; I dare say I am made like no one else in all creation. I may be worth no more than the next man, but at least I am different. Only after reading me will it be possible to tell whether nature did the right thing to destroy the mould whence I came.

Risale alla seconda metà del Seicento questa casa (*chesa*) patrizia dell'Alta Engadina che alcuni decenni di abbandono avevano ridotto in cattive condizioni. Con filologica accuratezza tutto è stato restaurato e il bel volume tipico — un cubo perfetto, un dado ricoperto da un tetto a quattro falde piuttosto corte e forato da finestre e finestrine dalla profonda strombatura esterna — è tornato a risplendere in tutta la sua dignità nel mezzo del paese. Lavoro ne è stato fatto molto, in questo caso, date oltretutto le dimensioni dell'edificio; ma anche qui sempre con l'intento di renderlo abitabile esattamente com'era, solo con qualche comodità in più (bagni, riscaldamento, isolamento del tetto, doppi vetri, ecc.). È stato dunque fedelmente mantenuto il bellissimo impianto originario che è comune a tutte le vecchie case engadinesi, sia patrizie sia contadine; esso è contraddistinto dal *sulèr*, un grande spazio centrale che attraversa la casa da una estremità all'altra e che nelle case patrizie è un salone dai soffitti quasi sempre decorati mentre nelle case contadine era usato come ricovero di attrezzi e zona di disimpegno per le stanze disposte ai suoi lati. Qualche piccola innovazione — una zona ospiti, una serra, ecc. — è stata realizzata ispirandosi al preesistente e usando i materiali tradizionali del restauro: legno, intonaco a calce, colori minerali, pietra. Per l'arredamento si è fatto ricorso a vecchi mobili engadinesi e a qualche pezzo dei "classici" contemporanei.

AN ENGADIN "CHESA"

"Chesa" engadinese

Hans-Jörg Ruch, architect (of the Ruch & Hüsler firm) with the collaboration of Roland Malgiaritta

This patrician example of a chesa *(the Romansh word for house) in Engadin (Switzerland) dates from the second half of the seventeenth century. Decades of neglect had reduced it to a sorry state. The entire building has now been carefully restored without modifying its original character, and once again stands in the centre of the village in all its original dignity. It is cubic in shape (typical of the region), with walls perforated by the deeply recessed embrasures of large and small windows, and a rather low pitched roof. A great deal of restoration was called for, also because of the size of the house: the objective was to keep it the way it was, but to make it more comfortable by adding several welcome conveniences (bathrooms, central heating, roof insulation, etc.). The original and handsome layout, typical of all old Engadin peasant farmers' and aristocrats' houses, has been faithfully conserved; its characteristic feature is the* sulèr, *a large central room running right from one side of the house to the other. In aristocratic homes the* sulèr *took the form of a drawing-room, usually with a decorated ceiling, whereas in peasant farmers' houses it was used as a storeroom for farm tools and as an access area to the rooms on either side (in much of this part of Europe, the owners of small landholdings do not actually live on their property). A few minor innovations — a guest suite, a conservatory, etc. — have been added, in the same style as the existing structure and using the same materials: wood, stone, whitewashed plaster, and non-synthetic colours. The house is furnished with a combination of old Engadin furniture and a few contemporary classics.*

● A sinistra: la sala da bagno al primo piano con il nuovo pavimento di granito e una camera degli ospiti al piano terreno. Nella foto rettangolare e in quella alla pagina a lato: il *sulèr* del secondo e ultimo piano. La sala è caratterizzata dal legno che riveste interamente le due vaste superfici contrapposte del pavimento e del soffitto. Nelle due foto piccole: particolare del soffitto e veduta d'insieme della *stüva* al secondo piano. La *stüva* è un altro elemento caratteristico dell'architettura alpina e quindi anche engadinese. Si trova in ogni casa. È la stanza della stufa, tutta fasciata di legno, la più calda e accogliente, e la più usata dato il clima. Qui ne vediamo una pregevole versione con decori di legno intagliato e una grande stufa bianca di mattoni refrattari intonacati.

● *Left: the first-floor bathroom with its new granite floor and a guest bedroom on the ground floor. Rectangular photo and photo facing page: the second-floor* sulèr. *The expanse of wooden floor and ceiling, separated by white walls, are its distinctive feature. Two small photos: a view of the* stüva *on the second floor, and a detail of its ceiling. The* stüva *is another characteristic feature of Alpine (and consequently of Engadin) architecture, and is found in all traditional homes. Entirely wood-panelled, it contains the stove, so it is the warmest, cosiest room in the home, and therefore used a lot on account of the crisp mountain climate. The one shown here boasts carved wooden panelling and a tall stove with white-plastered firebricks.*

In Valmaggia, nel Canton Ticino, c'è una zona collinare ricca di vigneti denominata ancora "campagna" benché l'espansione edilizia abbia ormai sommerso buona parte delle coltivazioni. Vi restano però alcune irriducibili oasi verdi costituite non soltanto da vecchie e tenaci vigne ma anche da vigne nuove impiantate secondo i criteri della moderna viticoltura meccanizzata. In una di esse è situata questa casa. Il progetto della costruzione è parte integrante del disegno del nuovo vigneto e il cantiere edilizio è stato di conseguenza coordinato con quello agricolo. La forma e la situazione del lotto stretto e allungato — un tassello fra due strade, un tipico residuo della divisione fondiaria rurale — hanno dettato l'ubicazione dell'edificio all'estremità nord per non interferire sulla distribuzione e sul soleggiamento dei filari. Questa ubicazione peraltro coincide con i requisiti più idonei a un insediamento residenziale: orientamento a sud e vista dominante sulla vigna, arretramento verso monte per usufruire della massima insolazione e di una migliore protezione dai venti. I muri esterni della costruzione molto compatta sono realizzati con un materiale ormai tipico della nuova architettura ticinese: i blocchetti di cemento a vista. Il tessuto murario è movimentato e sottolineato da inserti orizzontali di mattoni — una soluzione che riprende le caratteristiche delle antiche murate a struttura mista pietra-mattone presenti nell'edilizia locale.

In Valmaggia in Switzerland's Canton of Ticino there is a hilly area still considered locally as countryside, even though much of the original agricultural land has now been swept away by housing projects of various kinds. However, a few stubborn oases of green still linger on where hardy old vines have been left undisturbed and new ones have been laid out to meet the criteria of modern mechanized vinicultural methods. The house is an integral part of the new vineyard in which it is situated, and was built when the land was being planted with the vines. Because of the shape and location of the site — one of those wedges of land hemmed in by two roads that so often result from land allotment in rural areas — the house had to be built up at the north end in order not to disturb the distribution of the vines and their exposure to the sun. The result is ideal for a private residence: south-facing, with a view out over the vines, and with higher ground to the rear affording maximum shelter from the wind and exposure to the sun. The external walls of this compact villa are composed of unfaced concrete blocks, now the typical modern building material in the Ticino, but enlivened and offset by inserting horizontal strips of brick which recall the brick-and-stone walls of earlier traditional architecture in the Canton.

A HOUSE, A LANDSCAPE, A CHARACTER

Una villa, un paesaggio, un carattere

Francesco and Paolo Moro, architects

● Nella foto alla pagina a lato: il fronte nord. L'unica apertura è costituita da un taglio al centro in cui è inserita la porta principale d'ingresso collegata alla strada a monte da una corsia di battuto di cemento. Staccate dalla costruzione, due piccole tettoie per riparare la legna e gli attrezzi.

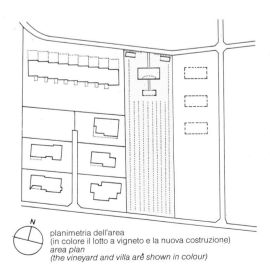

● Facing page: the north front. The only opening in the façade is a cut containing the main entrance, which is linked to the road higher up the slope by a concrete drive. Two small storage sheds for wood and agricultural implements stand apart from the main building.

N

planimetria dell'area
(in colore il lotto a vigneto e la nuova costruzione)
*area plan
(the vineyard and villa are shown in colour)*

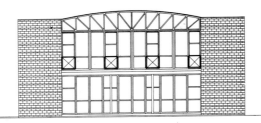

fronte est
east elevation

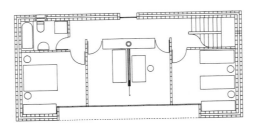

sezione trasversale
cross section

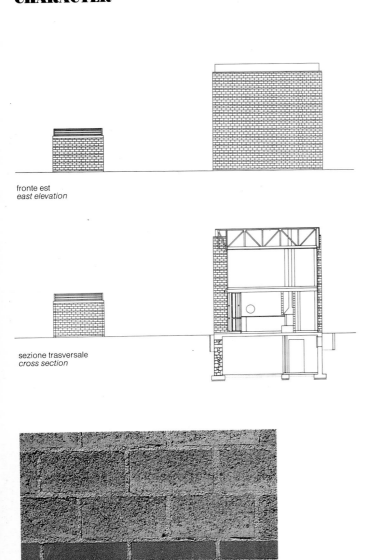

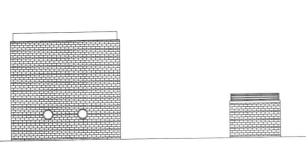

fronte ovest
west elevation

fronte sud
south elevation

pianta del primo
piano
first-floor plan

pianta del piano
terreno
ground-floor plan

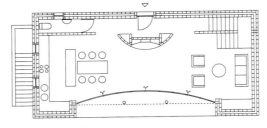

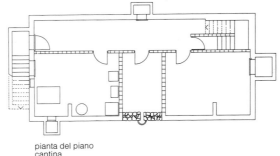

pianta del piano
cantina
basement plan

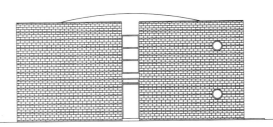

fronte nord
north elevation

● Il massiccio perimetro murario a forma di "C" si apre soltanto verso sud con un fronte costituito da un grande serramento di ferro e vetro lievemente curvato verso l'interno per restare in ombra durante la stagione estiva. Anche la copertura è metallica: una copertura "tecnologica" e leggera, pressoché inconsistente alla vista, tesa a ponte ricurvo fra i due solidi muri laterali. Quanto alla distribuzione interna, c'è un piano cantina che ospita locali di deposito e di servizio, un piano terreno destinato alla zona giorno, un primo piano per la zona notte; verso la parete nord sono riuniti in una fascia i corridoi, le scale e i bagni; attraverso il grande serramento si aprono invece a sud, verso la vigna, gli spazi di residenza. Nella foto piccola: un particolare del tessuto murario. Nella pagina a lato: la facciata sud.

● *The solid, C-shaped main perimeter wall opens to the south only, where a large glass and metal front curves inwards slightly so as to keep the interior shaded in summer. The lightweight "technological" roof, also in metal, is trestle-mounted between the two sturdy side walls and virtually escapes notices. The interior of the villa comprises a basement for storage rooms and facilities, ground-floor living areas, and an upper storey for bedrooms. The corridors, stairs and bathrooms are grouped in line towards the north wall, whereas the living areas look out south to the vineyard through the large window. Small photo: a detail of the wall. Facing page: the south front.*

• Davanti alla costruzione c'è una grande pergola, luogo di fusione ambientale fra la vigna e la casa: la si intravvede nella foto piccola centrale a sinistra, ripresa dal primo piano. È fatta da due muri laterali a forma di "C" in blocchetti di cemento e inserti di mattoni, come quelli della casa, collegati da una struttura ad arco ribassato in tubi di ferro su cui si avvolgeranno i rampicanti (o si può disporre un tendone); al centro c'è un lungo tavolo rettangolare in muratura per il pranzo all'aperto.
Qui sotto: particolare della curva del serramento della facciata sud. La stessa curva si vede, dall'interno, nella foto in alto a sinistra e in quella alla pagina a lato. Di segno opposto — cioè sporgente anziché rientrante — è la curva del corpo del camino che fronteggia la vetrata e che, come si vede nella pianta, fa da riparo verso la porta d'ingresso.
Le due foto mostrano le estremità opposte dell'ambiente: la zona conversazione da un lato, il pranzo e la cucina (schermata da un mobile divisorio) dall'altro.
In basso a sinistra: particolare del banco di cucina, illuminato da due aperture a oblò tagliate nella parete ovest. Questa dunque, che specie vista da nord può sembrare — è un effetto calcolato — una costruzione agricola per quanto un po' insolita, si rivela, oltre che una casa assai piacevole da abitare, un'opera di architettura di felicissimo impianto e di notevole raffinatezza formale.

A HOUSE, A LANDSCAPE, A CHARACTER

• A large pergola in front of the villa affords continuity between the house and the vines: it is seen in the small photo in the centre (left), taken from the first floor. It consists of two C-shaped side walls made of concrete blocks with brick inserts (like the walls of the house), linked by a structure of slightly raised arches in metal tubing, which at a future date will be covered by creepers and climbing plants. The same structure can also be used for mount an awning if required. A long, rectangular brickwork table for eating out of doors stands in the centre of the pergola. Above: a detail of the curved glazed wall in the south front. The top photo (left) and the one on the facing page show the frame from the inside. The convex curve of the chimney breast contrasts with the curve of the window frame opposite and shelter the day area from the main door (see plan).
These two photos show the two extremities of the day area: the conversation area at one end, and the dining area and kitchen at the other (the kitchen is screened off by a room divider). Bottom left: a detail of the work counter in the kitchen, which gets light from the two porthole windows set into the west wall. The villa might seem to be a somewhat unusual type of farm building, especially when viewed from the north, but the effect is quite intentional. As well as being extremely comfortable to live in, the villa is also an imaginatively conceived architectural work of considerable formal refinement.

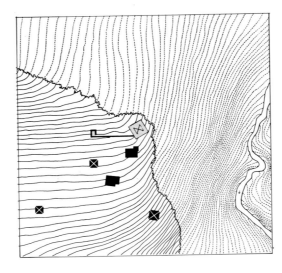

casa Heschl ad Agarone:
planimetria della zona
*Heschl house at Agarone:
area plan*

Presentiamo in questo servizio due case unifamiliari situate entrambe nel Canton Ticino e costruite da Luigi Snozzi rispettivamente nel 1983 e
nel 1987. Per ciò che riguarda il sito esse hanno
caratteristiche piuttosto simili: terreno in forte
pendio ai margini dell'abitato, grande vista verso
valle. Alle singole descrizioni ci sembra utile pre-
mettere qualche considerazione generale che
chiarisce il modo di operare dell'architetto. Dice
Snozzi: "Ritengo che abbia ragione Loos quando
afferma che nella casa privata non si può fare architettura. Il motivo è che la casa deve prima di
tutto rispettare le piccole esigenze quotidiane del
committente e non diventare una palestra per
l'architetto. Oggi si tende a caricare la casa privata
di troppe voglie represse dalla mancanza di altre
committenze, e così si hanno delle brutte piccole
architetture e delle case che non funzionano. In
certe occasioni, invece, bisogna arrivare a essere
come un umile capomastro". È per questo atteg-
giamento, per questo rispetto delle funzioni e
delle persone, per questa "paura" di fare troppa
architettura, che le case di Snozzi riescono a essere case abitabili, vere, conformi alle esigenze.
Un'altra idea-guida comune in questi due esempi
specifici è stata la ricerca di un rapporto fra casa e
panorama. Per Snozzi, quando il terreno è così
scosceso e così aperto sul panorama, il rapporto è
impossibile: le case più brutte sono quelle tutte
aperte, perché si ha l'impressione di non essere
né dentro né fuori. Egli ovvia creando tagli di finestre che inquadrano il panorama, per dare un
elemento tangibile di definizione, per evitare la
vetrata continua, il senso di vuoto. Nella prima
casa presa in esame, inoltre, egli ha avuto una ragione in più per far questo. La vista è molto bella
nella parte alta ma non altrettanto verso il fondo-
valle, dove il territorio è devastato da una edilizia
fitta e banale: le balaustre, le inquadrature taglia-
no via ciò che è sgradevole da vedere e fanno sì
che dall'interno della casa l'occhio possa spaziare
sul panorama più alto e più intatto.

THE HOUSE, THE SITE
La casa e il sito

Luigi Snozzi, architect

*In this feature we present two one-family houses,
both located in the Canton of Ticino and both built
by architect Luigi Snozzi, in 1983 and 1987 respectively. The sites are very similar: both are situated on
steeply sloping terrain on the fringes of built-up
areas and look out over the countryside. Before de-
scribing each in detail it is perhaps helpful to outline
the architect's general philosophy of house design,
in his own words. "I think Loos is right in saying
that you can't create Architecture when designing a
private house. The reason is that a house must first
and foremost satisfy the owner's everyday needs;
the architect should not use it as a testing ground on
which to try out his ideas. Nowadays, architects
tend to make houses a vehicle for expressing creative aspirations frustrated by the lack of other kinds
of professional opportunities, with the result that
they produce works of mini-architecture and houses
that are unsatisfactory to live in. In certain cases the
rôle of the architect should become that of a modest
master-mason". Thanks to this approach, this respect for the future occupants of the house and the
functions required of it — this fear of trying too hard
to produce Architecture with a capital A — Snozzi's
houses are real homes, which meet the needs of their
occupants and are pleasant to live in. Another feature which these two houses in particular have in
common is a striving to create a relationship between house and landscape. This is a particularly
delicate problem when building on such a steep site
with a panoramic view, in Snozzi's opinion: for
example, a design with panoramic windows is not
at all suitable, because it makes you feel as though
you are neither indoors nor outdoors. He has avoid-
ed this pitfall by designing clear-cut windows which
"frame" the views with balustrades and sills; by this
means the outdoor and indoor spaces are well separated, thereby avoiding the sensation of being suspended in space which would be induced by continuous glazing. In the first of the two houses we present there was also another reason for adopting this
solution. The upper part of the view is very attractive
but the bottom of the valley less so, as it is heavily
built up with nondescript houses. Here the "frames"
created by balustrades and windows blank out the
less appealing parts of the view, so that from inside
the house only the higher, more unspoilt stretches of
landscape can be seen.*

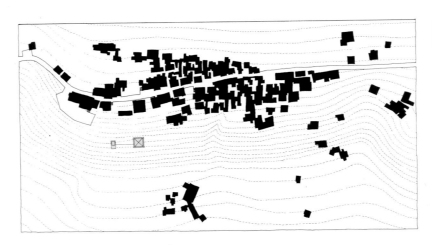

casa Walser a Loco:
planimetria della zona
*Walser house in Loco:
area plan*

piano superiore
upper floor

1. atrio d'ingresso; **2.** cantina e locali di deposito; **3.** camera degli ospiti; **4.** cucina; **5.** pranzo; **6.** soggiorno; **7.** camera da letto, spogliatoio e bagno; **8.** terrazzo coperto; **9.** pergola; **10.** percorso inferiore di accesso.

1. hall; **2.** cellar and storage; **3.** guest bedroom; **4.** kitchen; **5.** dining-room; **6.** living-room; **7.** bedroom, dressing-room, and bathroom; **8.** covered terrace; **9.** pergola; **10.** lower access path.

piano inferiore
lower floor

● Nella foto alla pagina precedente: il tetto a quattro falde della zona centrale di soggiorno. Qui a destra: la costruzione vista lateralmente dal basso. Nella pagina a lato: la lunga facciata principale rivolta verso sud-est; sulla destra, l'abitazione; sulla sinistra, la pergola; al centro, il muro di sostegno del terrazzamento che collega i due corpi.

● *Previous page: the pavilion roof (i.e. hipped equally on all four sides) of the central part of the living area. Right: the side of the house, seen from further down the slope. Facing page: the long main front, facing south-east. On the right of the photo, the house, on the left the pergola; the wall in the centre supports the terraced path linking the two structures.*

La casa si trova ad Agarone, vicino a Locarno, su un terreno in ripido pendio al limite di un bosco, sopra la grande piana di Magadino. Come si vede dalle curve di livello nella planimetria alla pagina precedente, il bosco ha un andamento diverso rispetto a quello del terreno sottostante. Mentre in generale nella zona di Locarno e dintorni le costruzioni si presentano "impastate" frontalmente sui terrazzamenti del pendio, con il vuoto sotto, qui invece la prima operazione progettuale è stata quella di ruotare il corpo principale verso il retro, in direzione del bosco, per creare un rapporto più diretto con il terreno accessibile dalla casa: uscendo dalla cucina sul piccolo terrazzo coperto si può infatti passare immediatamente nel bosco, senza dover superare dislivelli. Altra caratteristica dell'impianto è la presenza della pergola, ricordo del "grotto" tradizionale ticinese: in origine vera e propria grotta dove si conservava il vino e d'estate si poteva mangiare al fresco, poi qualunque spazio esterno alla casa attrezzato per il pranzo all'aperto. Qui l'abitazione e la pergola sono collegate da un lungo terrazzamento pavimentato che consente di godere, nel pur ripido terreno, di una piacevole passeggiata panoramica in piano. Terza particolarità: il tetto a quattro falde nella parte centrale dell'abitazione, che produce un effetto di casa nella casa — altro elemento poetico di memoria che riprende una antica tipologia diffusa nelle valli ticinesi, dove ancora si incontrano spesso, più o meno diroccati, stalle o fienili di forma cubica coperti appunto da un tetto a quattro falde (nella planimetria precedente se ne vedono tre nei pressi di questa casa).

The house is in the village of Agarone, near Locarno. The steeply sloping site is on the edge of a wood, overlooking the plain of Magadino. As can be seen from the contours in the plan on the previous page, the wooded area follows a different line to that of the terrain below it. Most of the buildings in Locarno and the surrounding area are perched on banked-up platforms jutting out from the slopes with a sharp drop below them. Here, however, the architect's first decision was to make the main block face the wood at the back, in order to create a more direct relationship with the part of the site most accessible from the house: walking out of the kitchen onto the small covered terrace you walk straight into the wood, without having to clamber either up- or downhill. Another feature of the project is the pergola, a reminder of the traditional "grottos" of the Ticino: originally these were real grottos used for storing wine and as a cool place to eat in; later the term came to indicate any outdoor space equipped for eating alfresco. The house and pergola are linked by a long paved terrace on the same level, which creates a walkway from which to enjoy the view. A third feature is the pavilion roof covering the central part of the house, creating the effect of a house within a house, another reminder of a type of construction commonly found in the valleys of this part of Switzerland. Even today, cube-shaped stables or granaries with pavilion roofs, in various states of dilapidation, are a common sight in the canton (three of them nearby the house can be seen in the plan on the opening page).

facciata sud-est
south-east elevation

facciata nord-est
north-east elevation

sezione AA
section AA

facciata sud-ovest
south-west elevation

● Nelle foto a sinistra: in alto, la piana di Magadino ripresa da sopra la casa; al centro, il terrazzo-passeggiata che collega la pergola al piano principale dell'abitazione; sotto, la veduta sulla valle. La foto alla pagina a lato mostra il percorso di accesso alla casa. Esso corre parallelo al terrazzo-passeggiata, ma a un livello più basso. In fondo al percorso c'è la porta d'ingresso da cui si passa nell'atrio (vedi le piante alla pagina precedente); l'atrio, la cantina, due piccoli locali di servizio e la camera degli ospiti occupano il piano inferiore, dal quale parte la scala che sale al piano principale della casa.

● *Top left: the plain of Magadino photographed from above the house. Centre: the terraced path connecting the pergola to the main floor of the house. Bottom: the view on the valley. The photo on the facing page shows the access path to the house; it runs parallel to the terrace on a lower level, and leads up to the front door, through which you enter the hall (see plans on previous page). The lower floor contains the hall, a cellar, two small rooms for facilities, and a guest bedroom; a staircase leads up to the main floor of the house.*

Come arrivai alla casa dei miei sogni

Quando arrivai all'età della pensione, volli esaudire il mio sogno di costruire una casa. Per il mio terreno in forte pendenza e per i miei desideri ben precisi avevo bisogno di un architetto che doveva attenersi ai miei progetti e realizzarli in modo ancora migliore e più bello. Ma prima di tutto doveva essere una persona di cui potersi fidare al cento per cento. Il mio notaio mi raccomandò l'architetto Luigi Snozzi e combinò un incontro.
L'architetto Snozzi si dichiarò disponibile all'incarico.
Fatica e giri di qua e di là per l'autorizzazione edilizia...
L'architetto Snozzi mi mostrò tre case costruite da lui nelle vicinanze e mi diede qualche spiegazione in proposito. Per lui era importante la posizione delle case e come esse si inserivano nel paesaggio. Questo mi colpì.
Le case in se stesse veramente mi ripugnavano, ma ero fermamente con-

vinta che fossero stati i proprietari a volerle così. Ero orrificata dai muri di cemento a vista, dalle linee diritte e dai tetti piatti. Io invece avrei commissionato una "deliziosa casetta". Doveva avere qualche muro curvo e il tetto di coppi; insomma, una casa nel cosiddetto stile ticinese. All'infuori delle fondamenta, il cemento non doveva assolutamente comparire.
Consegnai quindi all'architetto Snozzi un progetto disegnato da me e gli mostrai fotografie di case che mi piacevano. Mi promise che avrebbe preparato alcune proposte, e concluse così: se non ci accorderemo sul progetto, le darò gli indirizzi di architetti in grado di realizzare esattamente ciò che lei desidera. Questo da una parte mi rese sospettosa e insicura. Dall'altra, invece, ero affascinata dalla sua idea che il costruire sia un intervento sul paesaggio.
Dopo alcune settimane venni invitata nel suo studio. L'architetto Snozzi mi mise davanti un mo-

dellino e disse: questa è la sua casa; questa è la casa che si può costruire là. Che cosa ne dice? Fu il primo shock. In questa casa non c'era nulla, ma veramente nulla di quello che io volevo ci fosse. In conclusione, l'architetto Snozzi mi illustrò il progetto di massima, che si potrebbe sintetizzare così: la tipica casa ticinese del Sopraceneri completamente ribaltata.
Tutto in me si ribellava contro questa casa, eppure, in qualche modo, ne ero affascinata. Alla mia richiesta di soluzioni alternative ottenni questa risposta: questa è la casa che si può costruire là, non esiste un'alternativa. Come congedo ebbi una foto del modello con l'amichevole raccomandazione di guardarmelo di tanto in tanto.
Delusa e in lacrime me ne andai. Per molto tempo non ebbi il coraggio neppure di pensarci. Poi improvvisamente mi dissi: perché no?, e incominciai a occuparmene. Dopo un po' mi presentai allo studio e volli discuterne. Chiesi: come può restaurare così splendidamente la Chiesa della Madonna del Sasso e poi volermi fare una casa tanto fredda e simmetrica? La risposta fu: conservare l'antico e creare il nuovo.
E ci fu il secondo shock. Volevo sapere con quali materiali la casa sarebbe stata costruita, granito, blocchetti di cemento, pietre da costruzione intonacate, eccetera. L'architetto mi rispose: io costruisco con il cemento. E mi chiese a sua volta: che cos'ha contro il cemento, lei non è favorevole ai prodotti naturali? Il cemento è ghiaia, sabbia e acqua.
Dopo essermi ripresa un po' dai due shock, incominciai a riconsiderare seriamente il progetto. Nella libreria Krauthammer di Zurigo cercai un testo sull'architettura moderna. Il commesso notò che non mi raccapezzavo e mi fece qualche domanda. Alla fine dissi che volevo costruire una casa e che avevo problemi con il mio architetto. Quando sentì il nome di Snozzi, quel signore sembrò che capisse tutto di colpo. Armata di un quaderno e di un libro tornai a casa, decisa a "studiare architettura". Non volevo lasciarmi persuadere, ma volevo sapere esattamente cosa stava succedendo. Camminavo per la città e cercavo case di cemento, grandi e piccole. Col passare del tempo mi accorsi che il cemento non è cemento e basta. Vedevo delle differenze nei modi e nelle forme dei rivesti-

How I built my dream home

When I got to retiring age I decided to satisfy my aspiration to build myself a house. Seeing that the site was situated on a steep slope and that I had very specific ideas about what I wanted, I needed an architect who would stick more or less to my project but devise an even better, more attractive construction. Above all, he had to be someone one could trust a hundred per cent. My notary recommended Luigi Snozzi and arranged a meeting.
Snozzi said he was willing to take on the job.
Next I had to obtain a building permit, which involved a lot of tiresome to-ing and fro-ing from one office to another ...
Snozzi showed me three houses he had built in the neighbourhood and gave me a few explanations of their design. For him the important thing was the position of the houses and the way they blended into the landscape. This struck me.
To be quite honest, I found the houses themselves totally unattractive, but I was firmly convinced that this was due to the fact that the owners had wanted them that way. I was horrified by their plain concrete walls, straight lines and flat roofs. My house was going to be quite different, a gemütlich little house. It was going to have one or two curved walls and a red-tiled roof; in short, a house in the so-called "Ticino style". Apart from the foundations, there was to be no trace of concrete.
And so I gave the architect the project I myself had designed and showed him various photographs of houses I liked. He promised he would prepare various ideas for me and ended by saying: "If we don't see eye to eye on the project I can give you the addresses of various architects who will build you exactly what you want". On the one hand, this parting comment undermined my confidence, leaving me somewhat in doubt. But on the other I was fascinated by his idea that the act of building is a modification of the landscape.
After some weeks, Snozzi asked me to go and see him at his studio. He put a model in front of me and said: "This is your house: this is the house that can be built on that site. What do you think of it?" It was the first shock. The house had nothing, but really nothing, of what I wanted. Finally, Snozzi explained his preliminary project, which could be summed up as follows: a typical house from that part of the Ticino, but completely revolutionized.

● In queste pagine: l'interno del piano superiore. La pianta è molto compatta, le stanze sono tutte raccolte attorno al soggiorno quadrato (foto alla pagina a lato). Questo è il locale coperto dal tetto a quattro falde che emerge dalla restante copertura piatta; la sua altezza è dunque maggiore di quella degli altri locali. Oltre che dalle porte-finestre sul terrazzo, esso prende luce anche da una serie di finestrine quadrate tagliate nella parte superiore delle pareti. Nelle foto piccole: due riprese rispettivamente dallo spogliatoio verso la cucina e dalla cucina verso lo spogliatoio, attraverso il terrazzo coperto posteriore che dà sul bosco. Qui sotto: la camera da letto e una parte del soggiorno adiacente. Da queste immagini risulta evidentissima la scelta progettuale di inquadratura e selezione del panorama: dall'interno della casa, infatti, si vedono soltanto le cime boscose delle colline e il cielo.

menti. Passavo le mani sulle superfici... Visitai e mi soffermai nella casa di Le Corbusier...
Col tempo sviluppai una predilezione per il cemento a vista. In fondo era questo il "materiale della povera gente", e poi, in fondo, ci si poteva sempre far crescere sopra delle piante.

"Lezioni" sugli spazi interni
Per esempio, alla mia domanda perché la scala fosse così stretta, la risposta fu: la scala non è uno spazio d'abitazione, la scala è una necessità.
La cucina la volevo separata, a causa dei rumori, del disordine e soprattutto degli odori; la reazione fu: da lei c'è così tanta puzza, quando cucina?
E ancora: perché dice sempre che è una casa dura, inospitale, che cos'ha di inospitale?
La dottoressa Kalmann, che si è fatta costruire una casa dall'architetto Snozzi, mi è stata di grande aiuto; mi diceva: non gli scriva sempre tutto nei minimi particolari, lui è un artista.
Da due anni ormai sono nella mia casa e ci sto molto bene. È ampia e piena di luce. D'estate vivo come in una tenda, d'inverno mi sento protetta come in un castello. La mia casa è un pezzo di buona architettura, ha un volto che conserverà per sempre.

Frieda Heschl

(dalla rivista "Archithese", Zurigo, n. 6, 1986)

granite, concrete blocks, stone blocks, faced with plaster, etc. Snozzi replied: "I build in concrete". And he in his turn asked me: "What have you got against concrete, you're in favour of natural materials aren't you? Concrete is made of gravel, sand, and water".
After having recovered a bit from the two shocks, I began to reconsider the project more seriously. I went to the Krauthammer bookstore in Zurich to buy a book on modern architecture. The shop assistant realized I didn't know what to buy and asked me a few questions. I said I wanted to build a house and was having problems with my architect. On hearing the name "Snozzi" the shop assistant realized what my problem was. Armed with the book he suggested and a notepad I went home, determined to "study architecture". I did not just want to let myself be persuaded; I wanted to understand exactly what was taking place.
I walked around the town looking for concrete houses, large and small. As time passed I realized that there is concrete — and concrete. I began to observe differences in the way it is used. I would run my hand over the surfaces... I visited Le Corbusier's house, tarrying there for a while...
As time passed I developed quite a liking for plain concrete. After all, it is the "material of the poor", and you can always train creepers over it...

● These pages: the interior of the upper floor. It has a very compact plan, with the rooms radiating out from the square living-room in the centre (photo facing page). This is the room uner the pavilion roof, which juts up from the flat roof covering the rest of the house; consequently it is higher than the other rooms. Besides getting light from the glazed doors overlooking the terrace, it also has a series of small square windows set into the upper part of the walls. In the small photos: two views across the covered terrace giving onto the wood at the back, looking from the dressing-room towards the kitchen, and vice versa. Above: the bedroom and part of the adjacent living-room. These photos clearly illustrate how the architect selectively "framed" parts of the view in the windows: only the wooded hilltops and the sky are visible from inside the house.

I rebelled against the house through and through and yet in some ways I was fascinated by it. When I asked the architect to propose alternatives he said that this was the only house that could be built there — there were no alternatives. When I left he gave me a photo of the model with a friendly recommendation to take a look at it now and again.
I left disappointed and in tears. For quite a long time I didn't even have the courage to think about it. Then, all of a sudden, I reflected: "Why not?" and began to take an interest in it. After a while I went back to the studio with the intention of discussing the project. I asked Snozzi: "How come you restored the church of the Madonna del Sasso so beautifully and yet want to build me such a cold, symmetrical house?" His answer was: "Old buildings should be conserved, new ones created".
Then came the second shock. I wanted to know what materials he planned to use to build the house:

"Lessons" on interiors
For example, when I asked why the staircase was so narrow the answer was: Because a staircase is not a living space, it's a necessity.
I wanted a separate kitchen, because of the noise, the mess, and above all because of cooking smells. The reaction was: Does your cooking smell so bad? And then: Why do you keep on saying that it's a cold, inhospitable house. What's inhospitable about it?
Dr. Kalman, who had a house built by Snozzi, was a great help to me. She said: Don't try and put everything down in the smallest detail, he's an artist. I've been living in my house for two years now and I'm very satisfied with it. It's spacious and full of light. In the summer I feel as though I'm in a tent and in the winter I feel as well protected as though I were in a castle. My house is a piece of good architecture, and has its own distinctive physiognomy, a lasting one.

Frieda Heschl

HESCHL HOUSE

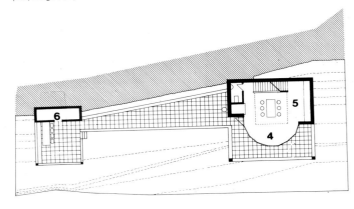

pianta
del piano superiore
(ingresso, soggiorno)
*upper-floor plan
(hall, living-room)*

pianta
del piano intermedio
(pranzo, cucina,
loggiato, pergola)
*intermediate-floor
plan
(dining-room,
kitchen, portico,
pergola)*

1. passerella
d'ingresso;
2. soggiorno;
3. vuoto sul pranzo;
4. pranzo; 5. cucina;
6. pergola;
7. camere da letto e
bagni; 8. locale
degli impianti
tecnici; 9. locale di
servizio; 10. cantina.
1. access
footbridge; 2. living-
room; 3. central well
over dining-room;
4. dining-room;
5. kitchen;
6. pergola;
7. bedrooms and
bathrooms; 8. boiler
and systems room;
9. utility room;
10. cellar.

pianta
del piano inferiore
(camere da letto)
*lower-floor plan
(bedrooms)*

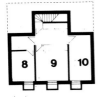

pianta
del piano cantina
cellar plan

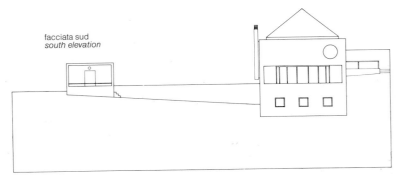

facciata sud
south elevation

THE HOUSE, THE SITE
WALSER HOUSE

Ancora un terreno molto scosceso e un grande panorama. Siamo sul fianco di una collina disegnata dai vigneti a terrazze, sotto il paese di Loco. Molto pregevole dal punto di vista paesistico, la zona a sud del paese è stata liberata solo di recente dal vincolo che proibiva ogni costruzione, e Luigi Snozzi si è trovato a operare sul primo lotto dichiarato edificabile: il che a maggior ragione lo ha spinto a concentrare il suo impegno sul problema dell'inserimento ambientale. Qui le case hanno quasi tutte il percorso di accesso fra i filari dei vigneti e tutte hanno il tetto a falde (im-

This house is also built on a steeply sloping site with a sweeping view: a hillside covered by terraced vineyards, beneath the village of Loco. Only recently, the local authorities lifted a planning restriction which banned all building in the area to the south of the village, a splendid stretch of landscape. In fact, the lot for which Snozzi was asked to design a house was the first to obtain planning permission, a further incentive to try and make the building blend into its surroundings as well as possible. Here the access roads to most of the houses run through the vineyards and all the buildings have

● Nella foto piccola: la casa vista dall'alto. Fra i filari della vigna si intravvede una appendice alla forma cubica della costruzione: è la pensilina che ripara la passerella d'ingresso al piano superiore. Nella foto alla pagina a lato la casa — al margine inferiore del paese — è vista dal basso: si distinguono i suoi vari piani e il vuoto della loggia al piano intermedio.
● *Small photo: the house seen from further up the slope. Between the rows of vines, a glimpse of the roof which juts out from the cube-shaped construction to shelter the footbridge leading to the front door on the upper floor. Facing page: the house — situated on the lower outskirts of the village — seen from lower down the slope. The different floors and the opening formed by the portico on the intermediate floor are clearly evident.*

posto dal regolamento edilizio anche per le nuove costruzioni). Partendo da questi dati, l'architetto ha imperniato il suo progetto su tre temi: il tema dei percorsi, il tema del rapporto con il paesaggio, il tema del cubo con quattro falde di copertura in memoria di una tipologia di costruzioni ottocentesche ancora reperibili in tutta la valle. La casa ha dunque una pianta quadrata di metri 8x8; un percorso che parte dal paese la raggiunge con una passerella al piano più alto e si sviluppa all'interno con un tracciato a chiocciola. Da questo piano di ingresso e soggiorno piutto- →

pitched roofs (specifically prescribed by building regulations even for new houses). Given these requisites, Snozzi based his project on three themes: the "circulation routes" (indoor and outdoor), the relationship between the house and the landscape, and the motif of a cube with a pavilion roof, inspired by a nineteenth-century architectural form still to be found throughout the valley. The house has a square eight-by-eight metre plan. A path from the village leads to a footbridge, which in turn leads across to the level of the upper floor; the internal "circulation route" takes the form →

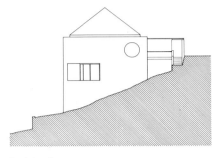

facciata est
east elevation

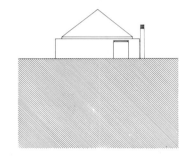

facciata nord
north elevation

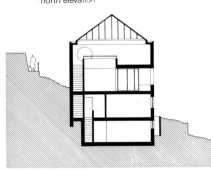

sezione longitudinale
longitudinal section

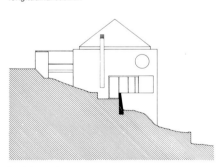

facciata ovest
west elevation

sto "introverso" si scende al piano intermedio (pranzo e cucina) che appare invece "estroverso" per la presenza di una grande vetrata semicircolare inserita in un loggiato sulla valle; dal loggiato parte un terrazzamento esterno che giunge alla pergola. Verso valle la casa si sviluppa ulteriormente con un piano inferiore che contiene le camere da letto e con un altro piano in cui si trovano alcuni locali di servizio e la cantina.

of a spiral. From the rather inward-looking upper floor comprising the hall and living-room you go down to an outward-looking intermediate floor (kitchen and dining-room) where a large semicircular window, sheltered by a portico, overlooks the valley. An embanked terrace leads from the portico to a pergola. The house continues, on the valley side, with a lower floor for the bedrooms and another one underneath it housing the cellar.

● A sinistra: sul terreno accidentato si snoda il percorso che arriva dal paese (foto centrale) e che con quattro gradini porta alla passerella di ingresso. Questa è riparata verso l'alto da una pensilina e verso ovest da una parete di vetro; accanto alla parete, un volume di cemento nella cui cavità, chiusa da antine, sono contenuti i contatori e la cassetta delle lettere. Sopra: la facciata ovest e il percorso terrazzato di collegamento con la pergola. Nella pagina a lato: la facciata est.

● *Left: the footpath from the village (middle photo), which ends in a flight of four steps leading up to the entrance footbridge, meanders up and down across the hillside. The footbridge is sheltered from the rain by a projecting canopy and on the western side by a glass wall. Next to this wall a concrete block with cubbyholes (closed by doors) contains the letter-box and the gas and electricity meters. Above: the west elevation and the terraced pathway to the pergola. Facing page: the east elevation.*

WALSER HOUSE

● Le foto in queste pagine mostrano il piano più alto della casa, cioè quello dell'ingresso e del soggiorno. Superata la porta di vetro e ferro verniciato di nero, ci si trova su una sorta di grande ballatoio che si svolge su tre lati del quadrato (al quarto lato è addossata la scala). Un parapetto con corrimano di legno delimita questo spazio che si affaccia sul vuoto centrale dove, al piano inferiore, è situato il tavolo da pranzo. Librerie accostate alle pareti, una zona conversazione nella parte più ampia del "ballatoio", una chaise-longue in un angolo formano l'arredo semplicissimo di questo piano — tutto bianco, sia l'intonaco delle pareti sia le piastrelle del pavimento — che abbiamo definito introverso, avvitato a chiocciola su se stesso, perché tutto svolto attorno allo sfondato centrale e provvisto di tre sole aperture rotonde, a oblò. Ma è da questi tre oblò che Snozzi ricava le sue sapienti inquadrature: una verso il paese, cioè verso est (foto in alto); una verso il pendio boscoso a sud (foto qui sotto); una verso la pergola, a ovest (foto in basso).

● The photos on these pages show the upper floor of the house containing the hall and living-room. After going in through the glass and black metal door you find yourself on a large gallery running round three sides of the square (the staircase runs along the fourth side). A parapet with a wooden handrail delimits this space which overlooks the central well; the dining-table is situated on the floor below. Bookcases flanking the walls, a conversation area in the widest part of the gallery, and a chaise-longue in one corner make up the simple furnishings of this floor — all is white, from the walls to the tiled floor. One could describe this space as "introverse", looking in on itself, because it runs round the central well of the cube and has only three round porthole-type windows. Nevertheless, the three portholes are carefully positioned to offer splendid views: one eastwards, towards the village (top); one south, towards the wooded hillside (above); and one west, towards the pergola (left).

WALSER HOUSE

● Mentre nelle foto piccole in alto e in basso si vedono due ambienti (una camera da letto, un bagno) del piano inferiore, cioè il terzo contando dall'alto, le altre immagini in queste pagine mostrano il piano intermedio — il secondo — che è il più estroverso e aperto. Il banco di cucina occupa tutta una parete. Al centro, nella parte a doppia altezza, è situato il tavolo da pranzo in posizione privilegiatissima, davanti alla grande vetrata che si protende con la sua curva luminosa verso l'esterno. Ma con cautela. La vetrata infatti non è nuda, resta di parecchio interna al loggiato, che con le sue linee nette in verticale e in orizzontale ancora una volta ritaglia il meglio del fuori.

● *The small top and bottom photos show two rooms (a bedroom and a bathroom) on the lower floor, that is the third counting downwards from above, whereas the other photos on this page show the intermediate floor (the second), which is more open and "extroverse". A work counter occupies the whole of one wall. The dining-table stands in the centre of the room (two floors high), in a superb position right in front of the large window. This window projects outwards to capture the light and offer a view of the landscape; it is not totally exposed because it is set back under the portico which, with its neat vertical and horizontal lines, "frames" the best of the view.*

SPAIN

Romance
de la Infanta y
Alfonso Ramos,
secolo XV,
in: *Tesoro de los
Romanceros ecc.*,
Parigi,
Baudry, s.a.

Estaba la linda infanta
a la sombra de una oliva,
peine d'oro en las sus manos,
los sus cabellos bien cria.
Alzó sus ojos al cielo
en contra dó el sol salia,
vió venir un fuste armado
por Guadalquivir arriba:
dentro venia Alfonso Ramos,
Almirante de Castilla.

•

*The lovely infanta took shade
'neath an olive tree.
Her hands held a golden comb,
her hair was beautifully groomed.
She raised her eyes to the sky
to where the sun rose
and saw a vessel on the Guadalquivir
bringing Alfonso Ramos,
Almirante of Castile.*

THE LLEÓ MORERA BUILDING

Casa Lleó Morera

*Lluis Domènech i Montaner, 1903-1905, architect
restoration by Carles Bassó e Oscar Tusquets
restoration of interiors by Mireia Riera*

Fra gli edifici in stile modernista realizzati a Barcellona sul Paseo de Gracia all'inizio del secolo, troviamo al numero 35 la casa che il dottor Alberto Lléo i Morera, un luminare della medicina, si fece costruire nel 1903 da Lluis Domènech, che del movimento modernista catalano fu uno dei maggiori protagonisti. Tutto il linguaggio del modernismo è ben presente in questo edificio: il richiamo a motivi medioevali e orientali amalgamati dal decorativismo floreale, l'adozione di due materiali principali, la pietra e il ferro, la straripante ricchezza di decorazioni, caratterizzate negli interni da un uso sapientissimo della ceramica e del vetro. All'esterno, l'edificio è un fastoso rutilare di decorazioni scultoree, alcune delle quali riflettono il clima positivista dell'epoca: quattro figure muliebri tengono in mano altrettanti simboli del progresso industriale, un fonografo, una lampadina, una macchina fotografica e un quarto strumento, andato perduto insieme alla mano della statua. All'interno non c'è parete che non sia un'opera d'arte e spicca in particolare un vero e proprio ciclo scultoreo, costituito da undici cornici di porte, dedicato a un'antica fiaba catalana, quasi una ninna nanna per il bambino di casa. L'edificio, dopo aver subito gravi danni durante la guerra civile, è stato ora restaurato e parzialmente destinato a ospitare al primo piano l'Ufficio Municipale del Turismo di Barcellona. È un ottimo esempio di come siano possibili trasformazioni d'uso anche radicali nel pieno rispetto dell'architettura originaria.

•

Among the buildings built in Modern style along Barcelona's Paseo de Gracia there is one, at number 35, which a luminary of medicine, Doctor Alberto Lléo i Morera, had built in 1903 by one of the leading figures of the Catalan Modern Movement, Lluis Domènech. The entire language of Modernism is to be found in this building: the mediaeval and Oriental tracery, enriched even further by flowery decorations, the use of two principal materials — stone and iron — and the extreme richness of the decorations, with a clever use of ceramics and glass in the interiors. The exterior of the building is a veritable hymn to sculptured decorations, some of which reflect the positivist climate of the era. Four female figures hold symbols of industrial progress in their hands: a phonograph, a lamp, a camera; the fourth object, unknown to us, dropped off at some stage along with the hand that was holding it. The walls inside are nothing less than works of art: of particular note is a sculptural cycle comprised of eleven door-frames which depict a traditional Catalan fable — a kind of lullaby, as it were, for the child of the house. Badly damaged during the Spanish Civil War, the building has been fully restored and now houses Barcelona's Municipal Tourist Office on the first floor. It is an excellent example of how a building can be put to a radically different use, while respecting the original architecture.

• Nel disegno: la facciata della casa. Qui sotto: una testina di ceramica inserita nel mosaico che decora il locale visibile nella foto alla pagina a lato, originariamente destinato a sala da pranzo. Nelle altre foto piccole: tre figure allegoriche del progresso industriale poste a decorazione della facciata.

• *In the drawing: the façade of the building. Above: a small ceramic head, inserted into the mosaic mural decorating the room shown on the facing page (once the dining-room). In the other small photos: three of the allegorical figures of industrial progress which decorate the façade.*

THE LLEÓ MORERA BUILDING

● A sinistra, in alto e in basso: il piano terreno della casa prima e dopo il 1943, allorché venne trasformato per ospitare il negozio della ditta Loewe. Qui sotto: la pianta del primo piano, ora sede dell'Ufficio Municipale del Turismo di Barcellona. Nella foto piccola a sinistra e in quella alla pagina a lato: due particolari del ciclo scultoreo che incornicia passaggi e porte.

● La fiaba raccontata dalle sculture deriva da un'antica leggenda catalana e provenzale. È la storia della balia di un principino che, rimasta sola perché il re e la regina erano andati a caccia, accese il fuoco e si addormentò. Ma, mentre dormiva, il fuoco si propagò e il principino morì nell'incendio. Al risveglio la balia, disperata, pregò la Vergine perché ridesse vita al bambino, facendo voto di donarle una corona d'oro. Fu esaudita: il principino resuscitò, e la balia donò alla Vergine la corona promessa.

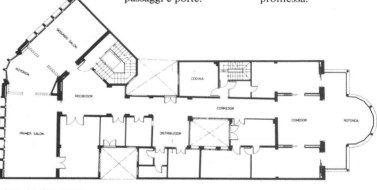

pianta del piano terreno
ground-floor plan

● *Left, top and bottom: the ground floor as it was before and after 1943, the year it was transformed in order to house the Loewe store. Above: the plan of the first floor, which now houses Barcelona's Municipal Tourist Office. Centre photo on the left and photo on facing page: two details of the sculptural cycle adorning the doorways and doorframes.*

● *The fable recounted by the sculptures is a derivation of an old Catalan and Provençal legend. The story has it that the nurse of a little prince was left on her own when the king and queen were out hunting, and that she lit the fire and fell asleep. The fire spread while she slept and the little prince died in the flames. When she woke up, the distraught nurse prayed to the Virgin, beseeching her to restore the child to life, and promising to make her an offering of a golden crown. No sooner said than done: the little prince came back to life, the nurse kept her promise and offered the crown to the Virgin.*

● In alto e in basso: otto esempi di decorazione floreale, fra le decine presenti sulle pareti della casa. A sinistra, foto centrale: un graffito dorato all'angolo di un soffitto. Qui sotto: la veranda semicircolare sulla facciata interna dell'edificio, corrispondente al locale che si vede nella foto della pagina a fianco. Per valorizzare le decorazioni murali, l'intervento di ristrutturazione ha concentrato il più possibile gli arredi al centro delle stanze.

**THE LLEÓ
MORERA
BUILDING**

● Top and bottom: eight examples taken from among the dozens of flowery decorations adorning the walls. Left: a gilded graffito design in the corner of a ceiling. Above: the semicircular verandah on the rear façade, corresponding to the room shown in the photo on the facing page. So as to show off the mural decorations to the best advantage, the renovation plan, where possible, concentrated the furniture in the centre of the rooms.

Nel quartiere di Poble Nou, all'estrema periferia sud-est di Barcellona, Palo Alto è un esempio affascinante di recupero di un'area urbana dismessa. Nel 1987 Pierre Roca fonda la società Roca & Asociados, allo scopo di vivificare questa parte del sobborgo post-industriale di Poble Nou, destinata nell'Ottocento all'industria del trattamento delle pelli, riciclata nel secondo dopoguerra come fabbrica tessile, e da vent'anni in disuso. Roca convince i proprietari a cedere in affitto il complesso: 11.000 metri quadrati di superficie utile, piuttosto degradati, con manufatti eterogenei, in una zona sconosciuta, oscura, e ancora difficile da raggiungere. Fa lavori generali indispensabili di risanamento e infrastrutturali: l'allacciamento elettrico, telefonico e dell'acqua, l'impermeabilizzazione dei tetti, lo sgombro dell'immane montagna di detriti che rendeva pressoché impraticabile l'area. Finora quattordici studi professionali (artisti, grafici, fotografi, decoratori floreali, architetti, gente alla moda e pubblicitari) si sono installati a Palo Alto in spazi che vanno dai 60 ai 500 metri quadrati. Presentiamo due di questi studi: quello dell'artista e designer Javier Mariscal (*locomotora* dell'iniziativa) e quello dell'architetto d'interni Fernando Salas.

POBLE NOU, PALO ALTO

In the Poble Nou quarter in the south easternmost suburb of Barcelona, Paolo Alto is a fascinating example of re-use of a run-down urban area. In 1987 Pierre Roca founded the firm of Roca & Asociados, with the aim of breathing life into this part of the post-industrial area of Poble Nou, first built in the nineteenth century for the leather tanning industry, then recycled after the second tanning industry, then recycled after the second world war as a textile factory, and subsequently left lying in disuse for the next twenty years. Roca convinced the owners to rent him the entire complex: separate buildings containing 11,000 square metres of usable space, albeit gone to seed, in a little-known part of the city that was difficult to get to. He saw to the indispensable general renovation of both the structures and the infrastructures: he had electricity brought in, telephones connected, water laid on and roofs waterproofed, as well as clearing away the mountains of accumulated rubbish that made it practically impossible to move about the area. To date, fourteeen professional studios of various types (artists, graphic designers, photographers, floral decorators, architects, professionals from the fashion and advertising industries) have settled in at Palo Alto, in spaces ranging from 60 to 500 square metres. Here we present two of these studios: that of artist/designer Javier Mariscal (one of the motive forces behind the initiative), and that of interior designer Fernando Salas.

● Nella pagina a lato: il simbolo di Palo Alto, l'impresa che si è fatta concedere in affitto l'intero complesso dai proprietari e che a sua volta dà in affitto gli spazi disponibili. Nella foto: una veduta notturna della grande e articolata corte di via Pellaires (pellai) nel Poble Nou, in cui si trovano gli studi e i laboratori dell'iniziativa Palo Alto.

● Facing page: the symbol of Palo Alto, the firm that was able to convince the owners of the complex to rent it the entire space, and then rented out the individual studios. Photo: a nocturnal view of the courtyard in Calle Pellaires (leather tanners) in Poble Nou, where the studios and workshops of the Palo Alto initiative are located.

JAVIER MARISCAL'S STUDIO

Rispetto all'immagine ormai classica del grande spazio neutro, duro e freddo, lo studio di Javier Mariscal è intimo, abbastanza soft, vuoi per il lucidissimo e fragrante parquet di legno scuro, vuoi per i colori "solenni" adottati per le pareti, i soffitti, gli elementi strutturali e le pareti divisorie. Interrogato su queste "anomalie", Mariscal racconta di aver scelto il legno per reazione all'uso smodato della ceramica di cui ha sofferto nella natia Valencia e di aver scelto il colore, per di più scuro, giudicando il bianco triste e luttuoso. Lo studio vero e proprio comunica, attraverso una porta a vetri, con un corpo verticale svuotato e non ristrutturato, adibito a deposito e magazzino. Questo corpo conferisce drammaticità allo studio, come se la testimonianza storica entrasse nel privato, o viceversa.

●

Contrary to the classic image of a studio as a large, cold and severe neutral space, Javier Mariscal's studio is made intimate and softer by the polished dark parquet floors and the "solemn" colours chosen for the walls, ceilings, structural elements and partition walls. When asked about these apparent anomalies, Mariscal said that his choice of wood came about as a reaction to the excessive use of ceramics in his native Valencia, and his choice of a rather dark colours from his personal belief that white is a sad colour, a colour of mourning. The actual studio communicates through a glass door with a vertical building which has been emptied but not renovated, and is now used as a warehouse. This latter adds drama to the studio, as if a witness of the past had entered into Mariscal's private world, or vice versa.

● Nella foto piccola: l'ingresso dello studio di Javier Mariscal; in primo piano si vede il meccanismo dell'antico montacarichi. Nella foto grande: la hall dello studio; lo specchio sulla sinistra è opera di Javier Mariscal, che si intravvede al tavolo di lavoro.

● *Small photo: the entrance to Javer Mariscal's studio; the mechanism of an old goods lift stands in the foreground. Large photo: the hall of the studio; the mirror on the left was designed by Javier Mariscal, who can be seen at his work table.*

JAVIER MARISCAL'S STUDIO

● Nelle foto a sinistra: tre aspetti dello studio Mariscal; le zone di servizio sono attentamente studiate, mentre in quelle di lavoro c'è un tono più disinvolto e in apparenza casuale. Il grande spazio che funge da magazzino-laboratorio (foto grande) comunica con lo studio per mezzo di una vetrata; è un grande corpo verticale che non ha subito alcuna ristrutturazione.

● *Photos on left: three views of Mariscal's studio; the service areas have been carefully designed, while in the work areas there is a more casual feeling, an appearance of randomness. The large space which is used as a warehouse-workshop (large photo) communicates with the studio by means of a glass wall; it is housed in a large vertical building which has been left just as it was found.*

facciata
elevation

sezione CC
section CC

pianta
del soppalco
platform

E D

pianta
del piano
inferiore
*lower
floor*

B B

C C

A A

E D

sezione BB
section BB

sezione AA
section AA

sezione EE
section EE

sezione DD
section DD

FERNANDO SALA'S STUDIO

Grandi vuoti, assenza di colori, interventi minimi, invasioni luminose, "segni" industriali preesistenti e stratificati reintegrati nello studio in tutta la loro crudezza, ma sempre con bagnetti e cucinette accuratissimi. Lo studio di Fernando Salas si occupa di progettazione di interni, soprattutto boutique e showroom, bar, locali notturni – i luoghi nuovi dei nuovi frenetici tempi di Barcellona.

●

Large empty spaces, an absence of colour, a minimum of interventions, blasts of light, pre-existing, stratified signs of an industrial past which have been re-integrated into the studio with their raw quality left exactly as they were, but with new, carefully studied bathrooms and kitchen areas. The Fernando Salas studio designs interiors, especially boutiques and showrooms, bars and nightclubs – the new places where the new, frenetic rhythm of Barcelona lets loose.

● In alto: un'altra immagine della corte di Palo Alto. Qui sopra: il basamento della ciminiera che caratterizza fisicamente e simbolicamente l'iniziativa.

● *Top: another view of the Palo Alto courtyard. Above: the base of the smokestack which now symbolizes the firm.*

● Qui sopra: l'ingresso dello studio di Fernando Salas. Nella pagina a lato: lo studio come si presenta dalla soglia – un sapiente equilibrio fra le preesistenze industriali e il nuovo intervento che è consistito semplicemente nella posa di un pavimento nuovo e nella costruzione di un soppalco (più i servizi).

● *Above: the entrance to Fernando Salas's studio. Facing page: the studio as seen from the threshold – an intelligent balance between the industrial past and a few well-chosen renovational operations, which consist of new flooring and the construction of a platform (plus facilities).*

FERNANDO SALA'S STUDIO

● Altre immagini dello studio di Fernando Salas. Dall'ingresso alla parte operativa vera e propria dello studio il progettista ha lasciato un margine notevole: tavoli, scaffalature e attrezzature varie sono sistemati nella zona sotto il soppalco (foto a sinistra, in alto). La zona dei servizi si affaccia parzialmente sullo studio: nella foto a sinistra in basso è visibile una parte della cucina. Dal soppalco una passerella (visibile in alto a sinistra nella foto grande) conduce a un terrazzino; il lampadario "a gocce" è in realtà un ready-made di Mariscal.

● *Other views of Francesco Salas's studio. The designer has left a large space between the entrance and the actual working area of the studio: tables, shelves and a variety of equipment are arranged in the area below the platform (photo top left). The service area opens partially onto the studio: in the photo on the left part of the kitchen can be seen. A walkway (visible in the upper left hand corner of the large photo) leads from the platform to a small terrace; the "teardrop" chandelier is a piece by Mariscal.*

FERNANDO SALA'S STUDIO

● Nelle due foto a sinistra si vede la parete a mezza altezza in fondo al soppalco – ancora un segno che testimonia la leggerezza dell'intervento lasciando percepire la struttura retrostante del capannone. Sebbene i caratteri dei due studi di Palo Alto qui presentati siano molto diversi, si percepisce in entrambi una volontà di subordinare la funzionalità alla familiarità (tavoli da pranzo, tappeti, camini, ninnoli). Nella foto grande: ancora un'immagine del soppalco, illuminato da un grande lucernario.

● *The two photos on the left show the half-height wall at the end of the platform – yet another example of the lightness of the intervention, which has left the shed-like structure of the building exposed to view. Although the two Palo Alto studios we have presented here are very different in character, both demonstrate a desire for the familiar as opposed to the strictly functional (dining-tables, rugs, fireplaces, knick-knacks). Large photo: another view of the platform, illuminated by a large skylight.*

La cittadina di Sant Sadurní d'Anoia è situata nell'Alto Penedès, a una cinquantina di chilometri da Barcellona, ed è il centro di una tradizionale zona vinicola intensamente popolata di stabilimenti, alcuni dei quali di proporzioni molto grandi (Freixenet e Codorníu, per esempio).

Un componente della dinastia Codorníu, Josep María Raventós, ha impiantato un nuovo stabilimento (Raventós i Blanc) proprio di fronte all'impresa degli avi. Le due industrie sono separate da una strada che di lì a pochissimo finisce nella campagna. Una magnifica, gigantesca e centenaria quercia (cinquecento anni, per l'esattezza) costituisce invece l'elemento unificante tra i due antagonisti ed è stata assunta come premessa progettuale dagli architetti: tutta la parte anteriore dello stabilimento, adibita a funzioni amministrative e di rappresentanza, si svolge infatti attorno all'albero, abbracciato eccentricamente dal colonnato e dal corpo radiale che chiude questa parte ad andamento circolare. La parte destinata alla produzione e allo stoccaggio ha invece sede posteriormente, in due edifici rettangolari intervallati da una grande corte per il carico e lo scarico dell'uva e delle bottiglie. Il mattone vivo è protagonista assoluto nelle cantine Raventós e per una volta il riferimento alla tradizione locale è pertinente, così come una certa enfasi comunicativa, immediatamente verificabile nel dirimpettaio Codorníu.   *T. M.*

THE RAVENTÓS I BLANC WINERY

Le cantine Raventós i Blanc

Jaume Bach and Gabriel Mora, architects with J. Raventós, A. Villanova, J. Crivellers, F. Parera

The little town of Sant Sadurní d'Anoia is situated in the northern Penedès, some fifty kilometres from Barcelona. It forms the hub of a traditional grape-growing area which abounds in wineries, some of them of considerable size (as in the case of Freixenet and Codorníu).

Josep María Raventós, a descendant of the Codorníu dynasty, recently built a new winery (Raventós i Blanc) right opposite the ancestral family establishment. The two are divided by a road which peters out a short distance away from there, in the countryside. The feature which unites the two rival establishments and was chosen by the architects as the focal point of their project is a gigantic, centuries-old oak tree (five hundred years old, to be precise). The front part of the winery, containing the offices and reception facilities is literally built around the tree, which is eccentrically "embraced" by the colonnade and the curved building. The part of the establishment where the wine is produced and stored is located at the back in two rectangular buildings, which are separated by a large yard where grapes and crates of bottles are loaded and unloaded. Plain unfaced brick was chosen as the predominant building material for the Raventós Winery, and for once the reference to local tradition is appropriate. So is its striking visual impact, also an immediately evident characteristic of the old Codorníu Winery opposite. T. M.

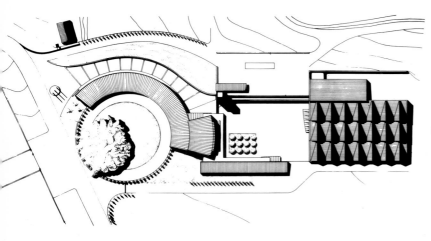

planimetria generale
overall plan

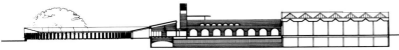

sezione longitudinale
longitudinal section

THE RAVENTÓS
I BLANC WINERY

● Nelle pagine precedenti: un disegno del 1904 che raffigura la quercia centenaria attorno alla quale si svolge il corpo circolare delle Cantine Raventós, e una foto della "galleria" dei silos. In questa pagina, a sinistra: il colonnato circolare che abbraccia la quercia. A destra: una ripresa dalla strada.

● *Previous pages: a drawing from 1904, showing the centuries-old oak tree around which the circular Raventós Winery has been built, and a photo of the storeroom containing the storage bins. This page, on the left: the circular colonnade which embraces the oak tree. Right: a view from the road.*

profilo longitudinale
longitudinal profile

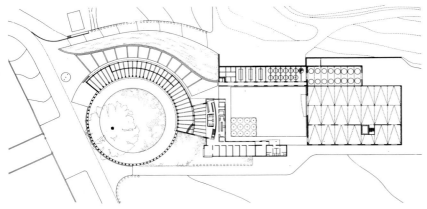

pianta del piano terreno
ground floor

THE RAVENTÓS I BLANC WINERY

● A sinistra, in basso e in alto: l'interno dei capannoni di produzione. Al centro: l'insieme dei capannoni in una ripresa esterna notturna. A destra: la galleria circolare che ospiterà il museo, un salone dello stabilimento e l'imponente hall. Nella pagina a lato: il porticato che forma una quinta semiaperta tra la corte interna e le cantine.

● *Left, top and bottom: the interiors of the production sheds. Centre: the complex of production sheds, seen in the evening. Right: the circular gallery which will house the museum, one of the production rooms of the winery, and the imposing hall. Facing page: the arcade, which forms a half-open wall between the inner courtyard and the winery.*

AN ALMOST ABSTRACT GAME OF THREE CUBIC VOLUMES

Un gioco quasi astratto di tre volumi cubici

Jordi Garcés and Enric Sòria, architects

È un segno tracciato con grande sicurezza il "bastione" (cioè il muro di contenimento del terreno in forte pendio) che caratterizza fortemente questa casa situata ad Alella, fra le colline dell'entroterra di Barcellona. Il cemento nudo è stato plasmato sulla forma di una "S" e usato in modo molto espressivo fugando anche il solo sospetto di durezza, quella durezza di cui pure esso è sovente accusato: una dimostrazione in più del fatto che ogni materiale, se realmente capito ed esplorato con meditata fantasia, può riserbare sorprese e sfatare i più pigri pregiudizi. Sul terrazzo dalla linea ondulata creato dal muro la costruzione è risolta architettonicamente con un gioco quasi astratto di tre volumi cubici, sfalsati d'allineamento e di angolazione né poco né tanto, ma esattamente quanto basta a muoverli per mettere in relazione dinamica i volumi stessi l'uno con l'altro e insieme i tre finestroni tagliati nelle facciate verso valle. Infine, sul grigio del cemento, il tocco misuratissimo delle sottili liste di pietra arenaria rosa che segnano il perimetro dei tetti piatti e incorniciano i vani delle finestre.

●

One of the most distinctive features of this house at Alella, situated in the hills behind Barcelona, is the confident line drawn by its "bastion" (i.e. the guide wall used to contain the steeply sloping terrain). With great expressiveness, bare concrete has been formed into an S-shape, with not even the faintest hint of hardness about it — which is one of the principal accusations made against this material. It is just another demonstration of the fact that if a material is fully exploited and explored with imagination it can reserve surprises to defeat even the most stubborn prejudices. The wall therefore bestows the terrace it supports with an undulating shape, and the architectural ploy used in designing the house consisted of an almost abstract arrangement of three cubic volumes. These are arranged at slight angles to each other and ever so slightly out of line, so as to highlight the dynamic relationship of each of the volumes with its fellows as well as the three large windows cut into the fronts overlooking the valley. The final touch to the exterior is a carefully studied one: slender strips of pink sandstone mark the perimeter of the flat roofs and frame the window openings.

● Sulla destra del disegno, il profilo del muro di contenimento. Nella pagina a lato: una ripresa di scorcio con, in primo piano, la piscina ricavata sul terrazzo.

● *The guide wall is seen on the right of the drawing. Facing page: a foreshortened view; in the foreground, the swimming pool set into the terrace.*

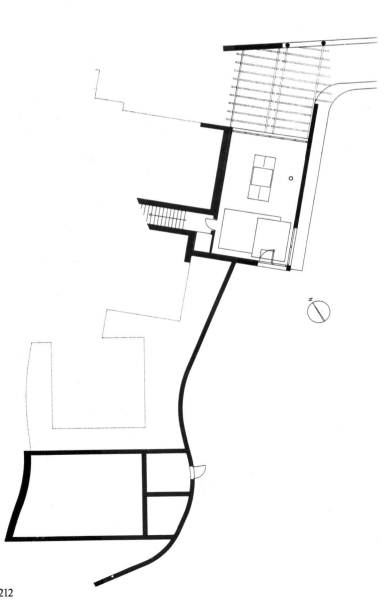

AN ALMOST ABSTRACT GAME OF THREE CUBIC VOLUMES

● In queste foto: la facciata verso valle. Sono visibili i tre volumi cubici e i tre finestroni divisi in moduli quadrati da un telaio di alluminio. Ciascun finestrone parte dal livello del terrazzo e, senza soluzione di continuità, serve sia una sala della zona giorno al piano inferiore sia una camera del piano soprastante. Il pavimento del terrazzo è di cemento con inserti di marmo bianco in liste parallele. Sul retro della casa, verso monte, c'è una pergola con la struttura di acciaio (vedi la foto alla pagina precedente) e c'è un secondo terrazzo confinante con la roccia.

● *In these photos: the façade overlooking the valley. The three cubic volumes are clearly visible, as are the three windows, which are divided into square modules by aluminium frames. Each of the windows starts at the level of the terrace, providing the rooms of the day area with light, and continue uninterruptedly upwards to illuminate the bedrooms on the next floor as well. The terrace is paved with concrete flags; parallel strips of white marble are "inlaid" into the concrete at intervals. At the rear of the house, looking towards the mountain, there is a steel pergola (see photo on previous page) as well as a second terrace.*

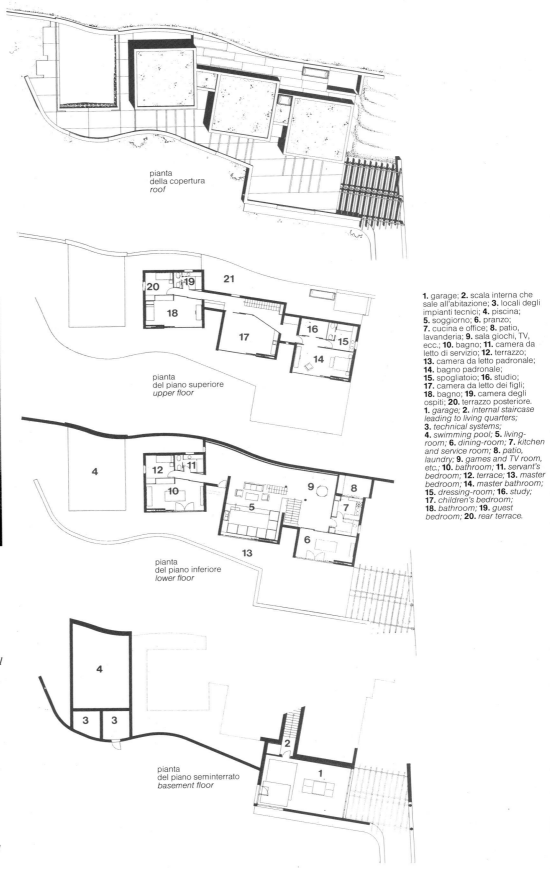

pianta
della copertura
roof

pianta
del piano superiore
upper floor

pianta
del piano inferiore
lower floor

pianta
del piano seminterrato
basement floor

1. garage; 2. scala interna che sale all'abitazione; 3. locali degli impianti tecnici; 4. piscina; 5. soggiorno; 6. pranzo; 7. cucina e office; 8. patio, lavanderia; 9. sala giochi, TV, ecc.; 10. bagno; 11. camera da letto di servizio; 12. terrazzo; 13. camera da letto padronale; 14. bagno padronale; 15. spogliatoio; 16. studio; 17. camera da letto dei figli; 18. bagno; 19. camera degli ospiti; 20. terrazzo posteriore.
1. garage; 2. internal staircase leading to living quarters; 3. technical systems; 4. swimming pool; 5. living-room; 6. dining-room; 7. kitchen and service room; 8. patio, laundry; 9. games and TV room, etc.; 10. bathroom; 11. servant's bedroom; 12. terrace; 13. master bedroom; 14. master bathroom; 15. dressing-room; 16. study; 17. children's bedroom; 18. bathroom; 19. guest bedroom; 20. rear terrace.

● All'interno il trattamento dello spazio è molto fluido: non si percepisce la scansione dei cubi, così evidente all'esterno, bensì un senso di continuità. Si veda a questo proposito la foto alla pagina a lato che illustra la parte centrale della casa al piano inferiore. Sulla sinistra, dietro la colonna bianca, la scala che sale dal garage; di fronte, una scala di rovere scuro che porta alle camere da letto del piano superiore. Il pavimento è di pietra calcarea lucidata, il soffitto è rivestito con piastre quadrate di materiale antirumore intervallate da listelli di alluminio che accrescono il senso di continuità spaziale. Nelle foto piccole qui sotto: il corridoio del primo piano. Qui e nelle camere da letto (vedi la foto a sinistra) il pavimento è di rovere scuro, come la scala, che contrasta con il corrimano di tubo bianco. Le grandi finestre spaziano sul paesaggio delle colline, fino al mare. Per questo lavoro i progettisti hanno ricevuto nel 1987 il premio FAD di architettura, nella sezione edifici di uso privato con pianta di tipo nuovo.

AN ALMOST ABSTRACT GAME OF THREE CUBIC VOLUMES

● *The space inside the house has been treated with great fluidity. The scansion of the cubes, so apparent on the outside, is hardly felt; instead there is a sense of continuity. We see an example of this in the photo on the facing page, which shows the central part of the house on the lower floor. Behind the white column on the left, a staircase leads down to the garage; in the centre, a staircase of dark oak leads up to the bedrooms on the upper floor. The floor is of polished limestone, the ceiling is faced with square tiles of soundproofing material spaced out by aluminium strips which enhance the sense of spatial continuity. This page, two small photos: the corridor on the upper floor. Here and in the bedrooms (see photos on left) the flooring is in dark oak just like the staircase, which contrasts with the white tubular metal handrail. The large windows look out over the hills and down to the sea. For this realization the designers won the 1987 FAD architecture award (private homes with original layout section).*

Sant Feliu de Guíxols, un angolo della Costa Brava nei pressi di Gerona, in Spagna. Un magnifico terrazzo con pergolato e piscina che pare come sospeso a mezz'aria di fronte al mare. Il pergolato inquadra con le sue linee gentili e con il verde nascente il panorama del golfo, disegna ombre sul bianco muro di cinta, riflette le sue colonne nello specchio d'acqua della piscina che è parte integrante del terrazzo. È questo il suggestivo "davanti" che i progettisti hanno studiato per una casa bianca, costruita su un lotto di terreno alberato particolarmente felice. La casa dalle nette linee geometriche ha un impianto ricercato che le fa guadagnare una posizione e una quota tali da godere al massimo del

(continua a pagina 224)

THE SALGOT HOUSE
Casa Salgot

Sant Feliu de Guíxols is a locality near Gerona, on Spain's Costa Brava. A magnificent terrace with pergola and swimming pool seems to hang in mid-air in front of the sea. The delicate lines and burgeoning greenery of the pergola frame the panorama of the bay, casting shadows on the white perimeter wall and reflecting its columns in the surface of the swimming pool, which is an integral part of the terrace. Such is the evocative front that the designers have created for this white house on a particularly well-situated wooded site. The house has very clean geometric lines and a well-thought-out layout in a position and at a height from which it can take full advantage of

(continued on page 224)

Jordi Garcés and Enric Sòria
architects,
with the collaboration
of Rafael Soto and Angel Fibla

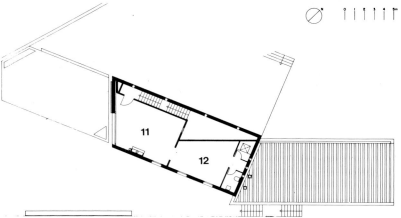

pianta del piano superiore
upper floor

● In queste foto: le due facce della casa. Nella foto piccola: i lisci volumi bianchi appena forati da finestrine quadrate sul lato est (con una porta secondaria di ingresso) e quasi ciechi sul lato nord che fa da barriera verso la strada. Nella foto grande: le ampie aperture sul lato sud, verso il bosco, il muro di contenimento del terrazzo e la scaletta di pietra che vi dà accesso.

planimetria generale
site plan

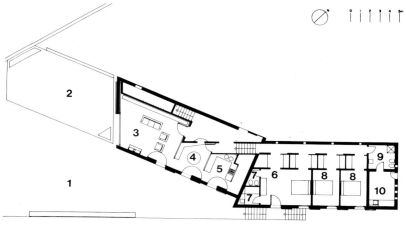

pianta del piano inferiore
lower floor

● *In these photos: the two sides of the house. Small photo: the smooth white volumes, lightly pierced by small square windows on the east side (with a second entry door) and virtually blind to the north, forming a barrier towards the street. Large photo: the broad openings onto the woods on the south side, the stone wall supporting the terrace, and the steps giving access to it.*

1. terrazzo e pergolato;
2. piscina; **3.** soggiorno;
4. pranzo; **5.** cucina; **6.** camera da letto padronale; **7.** bagno padronale; **8.** camere da letto;
9. bagno; **10.** lavanderia;
11. studio; **12.** camera di riserva; **13.** bagno.

1. *terrace and pergola;*
2. *swimming pool; **3.** living-room; **4.** dining area;*
5. *kitchen; **6.** master bedroom;*
7. *master bathroom;*
8. *bedrooms; **9.** bathroom;*
10. *laundry; **11.** study; **12.** spare bedroom; **13.** bathroom.*

● Nella foto grande: il lato ovest. La piscina lambisce il soggiorno e il pergolato sul mare si riflette nell'ampia vetrata. A sinistra, in alto: lo studio sopra il soggiorno ha un'identica vetrata, che qui si vede dall'interno sulla destra della foto. Al centro: una finestrina panoramica del primo piano inquadra il bosco e il mare. In basso: una camera degli ospiti nel corpo a un solo piano. L'arredo di una semplicità quasi monacale è bene in carattere con lo stile architettonico della casa.

● *Large photo: the west side. The swimming pool laps the living-room and the pergola facing the sea is reflected in the wide window. Top left: the study above the living room has an identical window, seen here from inside on the right of the photo. Centre: a small picture window on the first floor frames the woods and the sea. Bottom: a guest room in the one-storey structure. The furnishing is almost monastic, in keeping with the architectural style of the house.*

(continua da pagina 218)

panorama marino. Due corpi – quello verso l'entroterra a un piano, quello verso il mare a due – sono quasi incuneati l'uno nell'altro secondo assi diversi a formare un ampio angolo. Il primo corpo è allineato alle linee di livello del terreno in pendio, il secondo è ruotato in modo da lasciare spazio, lateralmente, al terrazzo triangolare che si allarga a ventaglio verso il mare. Questa diversità degli assi si sente anche all'interno della casa (vedi le piante), dove nel punto di incontro fra i due corpi i tracciati si "scontrano" e si compenetrano dando luogo a prospettive più mosse e a stanze di forma irregolare. A nord e a est la costruzione ha poche e piccolissime finestre per difendersi dal disturbo della strada di accesso, mentre si apre ampiamente a sud e a ovest sul terrazzo-belvedere e sulla piscina che è come un prolungamento del soggiorno, un elemento di collegamento e di graduale passaggio fra l'interno della casa e il mare.

(continued from page 219)

the sea view. Two structures – one-storey facing inland and two-storey looking out over the sea – are seemingly wedged together on different axes to form a wide angle. The first structure is aligned with the contours of the sloping land, while the second is rotated to create space at the side for a triangular terrace, which opens out fan-like towards the sea. The use of different axes is also felt inside the house (see plans). At the point where the two structures meet their lines "clash", enlivening the perspectives and creating rooms that are irregularly shaped. To the north and east the building has just a few tiny window openings, affording protection from the noisy access road, but to the south and west it opens out broadly onto the terrace-belvedere and onto the swimming pool, a sort of extension of the living-room and the link between the inside of the house and the sea.

THE SALGOT HOUSE

● A sinistra: una prospettiva interna. La foto è stata ripresa dal soggiorno verso la sala da pranzo e la cucina; di quest'ultima si vede sullo sfondo, attraverso le pareti di vetro, la grande cappa centrale. Nella foto si vede anche, sulla sinistra, un locale a pianta triangolare che testimonia lo "scontro" fra i diversi assi dei due corpi cui si è accennato prima. Foto grande: la prospettiva opposta, dal soggiorno verso l'esterno, è di grande effetto scenografico – sembra che l'acqua del golfo sia penetrata nel terreno e sia salita fin sulla soglia. Il cuneo di legno nell'angolo della piscina serve per passare direttamente dal soggiorno al terrazzo.

● *Left: an interior vista. The photo was taken from the living-room towards the dining-room and kitchen (the latter's large central hood can be seen in the background through the glass walls). A triangular room can also be seen on the left of the photo – an example of the way in which the different axes of the two structures run into each other, as mentioned earlier. Large photo: the opposite view towards the outside is very theatrical – the water of the bay seems to have permeated through the ground and come up to the very threshold of the house. The wooden wedge in the corner of the swimming pool provides a step for direct access to the terrace from the living-room.*

USA

— Mi piacete — disse lei bruscamente. — Credete ai miracoli. C'è qualcosa da bere qui?

Aprii il cassetto per tirarne fuori la bottiglia e due bicchieri. Li riempii e bevemmo. Lei chiuse la borsetta con un colpo secco e spinse indietro la sedia.

— Me li procurerò, questi dollari — disse. — Sono una buona cliente di Eddie Mars. Ha anche un'altra ragione per mostrarsi gentile con me, e forse la conoscete — mi dedicò uno di quei sorrisi che le labbra dimenticano prima che arrivino agli occhi. — La moglie di Eddie è la bionda con cui se l'è filata Rusty.

Non fiatai. Mi guardò con attenzione e aggiunse: — Non vi interessa?

— Potrebbe aiutarmi a trovarlo... se lo stessi cercando. Pensate che Rusty c'entri, con questo imbroglio?

Mi tese il bicchierino vuoto. — Datemene un altro goccio. Siete la persona più dura da far parlare che abbia mai incontrato. Non muovete neppure le orecchie.

●

"I like you," she said suddenly. "You believe in miracles. Would you have a drink in the office?"

I unlocked my deep drawer and got out my office bottle and two pony glasses. I filled them and we drank. She snapped her bag shut and pushed her chair back.

"I'll get the five grand," she said. "I've been a good customer of Eddie Mars. There's another reason why he should be nice to me, which you may not know." She gave me one of those smiles the lips have forgotten before they reach the eyes. "Eddie's blond wife is the lady Rusty ran away with."

I didn't say anything. She stared tightly at me added: "That doesn't interest you?"

"It ought to make it easier to find him — if I was looking for him. You don't think he's in this mess, do you?"

She pushed her empty glass at me. "Give me another drink. You're the hardest guy to get anthing out of. You don't even move your ears."

A COUNTRY-CUM-TUDOR DREAMLAND

Sogno tra country e Tudor

Questo in origine era un fienile costruito da contadini olandesi nel XVIII secolo vicino a New Brunswick, nel New Jersey. Smontato e rimontato a Long Island, nella località di East Hampton, fu affidato per la ristrutturazione a Gwathmey e Siegel dal regista cinematografico Steven Spielberg e da sua moglie, l'attrice Amy Irving, che ne volevano fare una casa per le vacanze. Insolita commissione per uno studio di architettura impegnato d'abitudine in lavori di ben maggiore scala — ma evidentemente stimolante punto di partenza per un progetto che offriva la possibilità di andare oltre la pura ristrutturazione di un edificio e di inventare invece un piccolo mondo, quasi un embrione di paese, un nucleo abitativo fatto di più parti in varia e interessante relazione fra loro e con l'ambiente circostante: un cancello, una piccola strada, una piazzetta per le auto, un edificio-barriera, un androne a volta, un cortile da chiostro con sedici alberi di pere, una piscina con un terrazzo verso lo stagno, un portico, un giardino con aiuole di fiori, una torretta-silos, e infine la casa con grandi finestre rivolte all'oceano.

Gwathmey Siegel & Associates, architects

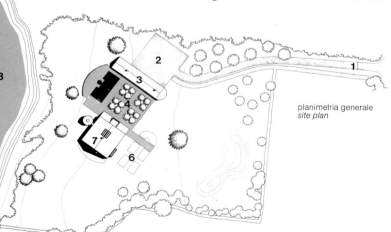

planimetria generale
site plan

This house was originally a barn, built in the eighteenth century by Dutch farmers near New Brunswick, New Jersey. Subsequently dismantled and reassembled in East Hampton, Long Island, it was entrusted to Gwathmey Siegel & Associates for renovation into a hide-out by movie producer Steven Spielberg and his wife, actress Amy Irving. It was an unusual commission for a firm of architects who are used to working on a far larger scale, but evidently the idea of going farther than mere renovation and inventing a small world was a stimulating one. This embryonic universe is made up of different parts which interact amongst themselves and with the surrounding environment in a variety of interesting ways: a gate, a driveway a parking lot, a gatehouse, a vaulted passageway, a brick-paved courtyard planted with sixteen pear trees, a swimming pool with a path looking towards a saltwater pond, a porch, a garden with flowerbeds, a "silo" tower, and the house itself with its large windows looking out oceanwards.

1. cancello; **2.** piazzale di parcheggio; **3.** garage, custode, locali di servizio; **4.** cortile alberato; **5.** piscina; **6.** giardino con aiuole; **7.** abitazione; **8.** stagno d'acqua salata.
1. gate; *2.* auto court; *3.* garage/caretaker; *4.* courtyard; *5.* pool; *6.* flower garden; *7.* residence; *8.* saltwater pond.

● La struttura originale di legno del fienile non si vede perché all'esterno l'edificio è stato interamente rivestito di altro legno in scandole: una soluzione ripescata da una tradizione antica che contrasta elegantemente con il disegno "moderno" delle finestre. La stessa tecnica costruttiva è stata usata per i nuovi corpi di fabbrica. Si veda per esempio nella foto in questa pagina il particolare della torretta a silos, che silos peraltro non è. È un'appendice di notevole impatto visivo che risolve un problema funzionale: trovare spazio per una saletta da breakfast e per un bagno senza interferire nella geometria interna dell'edificio principale.

● Nella pagina a lato: il complesso ripreso dal vicino stagno. Si distinguono l'edificio dell'abitazione con la sua facciata a capanna caratterizzata dalla gran vetrata centrale, il lucernario sul colmo del tetto, la torretta laterale, il portico, il cortile alberato, e l'edificio di servizio che fa da barriera verso la strada di arrivo e il parcheggio. Il tutto avvolto nella luce del pomeriggio che accende il legno di un colore rosato.

● The barn's original timber structure cannot be seen, as it has been entirely clad with wooden shingles. This traditional-style solution is one that provides an elegant contrast to the "modern" windows. The same construction technique was also used for the new buildings. An example of this is the "silo" tower shown on this page. It is not a silo at all, but an eyecatching addition that solves the functional problem of finding space for a breakfast-room and bathroom without interfering with the interior geometry of the main building.

● Facing page: the complex seen from the saltwater pond. Features of the house (seen on right) include the front with the large central window, the skylight on top of the roof, the entry porch, the tree-planted courtyard, and the gatehouse — which acts as a barrier between the driveway and the parking lot. Kissed by the late-afternoon sun, the wood takes on a pinkish hue.

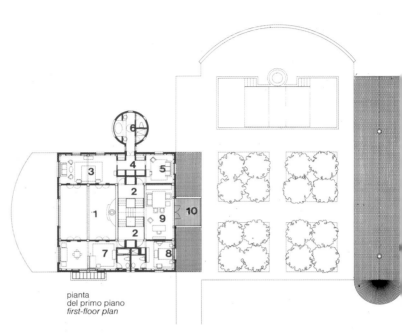

pianta
del primo piano
first-floor plan

1. vuoto sul soggiorno; 2. pianerottoli; 3. camera da letto padronale; 4. spogliatoio; 5. studio/salotto; 6. bagno padronale; 7.8. camere da letto; 9. studio/loft; 10. terrazzo.
1. *open to below;* 2. *stair landing;* 3. *master bedroom;* 4. *dressing;* 5. *study/sitting;* 6. *master bathroom;* 7.8. *bedrooms;* 9. *study/loft;* 10. *deck.*

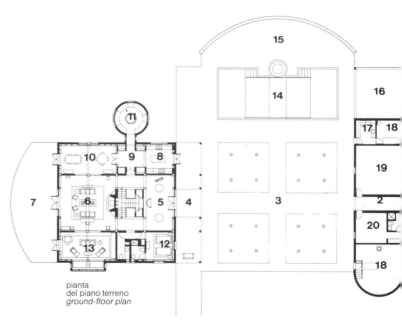

pianta
del piano terreno
ground-floor plan

1. piazzale di parcheggio; 2. androne di ingresso; 3. cortile alberato; 4. portico d'ingresso; 5. atrio; 6. soggiorno; 7. terrazzo; 8. cucina; 9. dispensa; 10. pranzo; 11. saletta per la prima colazione; 12. camera per gli ospiti; 13. salotto; 14. piscina; 15. terrazzo della piscina; 16. portico; 17. lavanderia; 18. impianti tecnici; 19. garage; 20. stanza del custode.
1. *auto court;* 2. *gateway;* 3. *courtyard;* 4. *entry porch;* 5. *entr hall;* 6. *living;* 7. *terrace;* 8. *kitchen;* 9. *pantry;* 10. *dining;* 11. *breakfast;* 12. *guest bedroom;* 13. *sitting room;* 14. *pool;* 15. *pool terrace;* 16. *porch;* 17. *laundry;* 18. *mechanical;* 19. *garage;* 20. *caretaker.*

● All'interno spira un'aria "neo-Tudor" ottenuta dai progettisti lasciando in vista, sulle bianche superfici di gesso con cui hanno rivestito le pareti, il disegno delle travature originali di legno. Una imponente scala a due ali e un altrettanto imponente camino alle sue spalle dividono la navata centrale in due parti, di cui una a doppia altezza — il soggiorno — prende luce dall'intera vetrata vista nelle foto precedenti. Il soggiorno agisce come "piazza" sulla quale si affacciano le porte e le finestre interne delle stanze situate sui due piani delle navate laterali. La luce entra anche dall'alto attraverso la vetrata sul colmo del tetto e arricchisce di contrasti e chiaroscuri il grande scenario. Nella foto qui sotto: il soggiorno ripreso dalla scala. Nelle foto piccole, dall'alto: ancora il soggiorno con il camino sulla destra, un particolare della struttura lignea e dell'arredo, la sala da pranzo e un particolare della scala. Nell'altra pagina: uno dei due passaggi a lato della scala che dall'atrio d'ingresso portano al soggiorno.

A COUNTRY-CUM-TUDOR DREAMLAND

● *A neo-Tudor effect has been achieved inside by leaving the original post-and-beam oak framework exposed and filling it in with gypsum board. An imposing two-storey staircase and an equally imposing fireplace divide the central "nave" into two parts. One of these is double-height, and contains the living-room — light sweeps in through the large window seen in the previous photos. The living-room serves as a kind of plaza: the doors and internal windows of the rooms on the two floors of the "side aisles"* *open onto it. Light also pours in from the skylight perched on top of the roof, enrichening the large space with contrasts of light and shadow. In the photo above: the living-room seen from the staircase. Small photos, top to bottom: the living-room with the fireplace on the right, a detail of the half-timbered structure and of the furnishings, the dining-room, and a detail of the staircase. Facing page: one of the two passageways flanking the staircase and leading from the entry hall to the living-room.*

A COUNTRY-CUM-TUDOR DREAMLAND

Sulle colline di Hollywood — Hollywood Hills
— si sgranano a cascata una quantità di abitazioni singole o plurifamiliari di vario stile, inframmezzate da una vegetazione di sapore me-
diterraneo che si infila dappertutto: ci sono eu-
calipti e cipressi, pini e buganvillee, fichi d'India e alberi da frutto e cespugli di macchia, e
non è raro imbattersi in qualche cervo che viene a cercare cibo vicino alle case. Nei pressi di
queste due c'è anche la torre di un ascensore
costruito negli anni Trenta per collegare le zone
di parcheggio con le abitazioni situate ai vari livelli della collina. Dalla torre, che è diventata
un elemento di riferimento "storico" e architettonico nel paesaggio della zona, hanno preso
spunto i progettisti nell'ideare queste due case
unifamiliari affiancate, ciascuna distribuita su
quattro piani, appunto come una piccola torre.
Sono affiancate ma non parallele. L'angolo di
divaricazione fra le due costruzioni deriva dalla
forma triangolare del lotto, che ha verso strada
la sua maggiore larghezza mentre si restringe a
cuneo sul retro. Le case sono costituite da quattro locali sovrapposti di uguale dimensione
→

THE CANYON HOUSE

La casa canyon

*Hank Koning
and Julie Eizenberg,
architects*

*A mix of single and multi-family housing
tumbles down the slopes of the Hollywood
Hills, set amongst the eucalyptus, pencil
pines, bougainvillea, prickly pear, fruit trees
and hillside scrub which all contribute to the
strong Mediterranean flavour of the vicinity.
Wild deer occasionally roam down to the
houses in search of food. Not far from the two
houses shown here (only a short distance
away from the Hollywood Bowl) is a free-
standing elevator tower, High Tower by name,
which was built in the 1930s to connect the
parking areas with the houses built at various
levels on the hillside. The tower is now something of a historical and architectural
landmark and inspired the design of these two
tower-like single-family houses, each of
which is four stories high. They are set next
door to each other, but are not parallel. The
triangular shape of the lot is widest on the
street side, converging into a wedge at the
back. Each house consists of four identical
20- by 20-foot rooms stacked one on top of
the other. As such they call to mind not only*
→

←

(6x6 metri) e, oltre alla torre dell'ascensore, fanno pensare a un altro modello: quello delle antiche case-torri della tradizione europea e in particolare italiana. Questa trasposizione in terra californiana ha consentito ai progettisti di risolvere brillantemente i problemi che un lotto di terreno scosceso e triangolare indubbiamente poneva. Anche il retro comunque è stato adeguatamente sfruttato: infatti ogni casa è dotata di una "coda", uno stretto corpo sinuoso dalla copertura a volta, che ospita i servizi (cucina, bagni, spogliatoio, ecc.). Fra le due costruzioni si è così creato una sorta di canyon a gradoni-patio di forma irregolare che, oltre a fornire una serie di spazi riparati da godere all'esterno e a creare le condizioni per una migliore ventilazione e illuminazione delle stanze, rende permeabile all'occhio il piccolo complesso, già differenziato per le sue secche linee geometriche dallo stile spesso sovrabbondante delle ville dei dintorni.

←

tower but also the old tower-style houses of Europe, and Italy in particular. In transferring this model to California the designers have come up with a brilliant answer to the inevitable problems that came with a steep piece of triangular land. Good use has also been made of the rear of the site: each house has its own "caboose", a narrow, winding barrel-vaulted service structure housing the kitchen, bathrooms, dressing-room and so on. A sort of terraced canyon has in this way been created between the two constructions. Irregularly-shaped, this area provides a series of sheltered outdoor spaces, good light and ventilation, and views from all sides of the duplex. It allows the passer-by to see right through the complex, whose clear-cut lines already distinguish it from the often overblown surrounding houses.

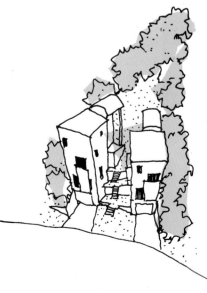

● Nella pagina precedente: il fronte verso la piccola strada tortuosa che percorre la collina. Qui a destra: i due corpi dei servizi sul retro, coperti da volte a botte.
● *Previous page: the front facing the tortuous lane that winds its way round the hill. Right: the two curved roof service buildings at the back.*

schizzo del lotto e delle due case
sketch of the site and the two houses

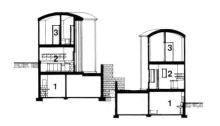

sezione CC
section CC

3. bagno/*bath*
m 161,95/*531' 4"*

2. cucina/*kitchen*
m 159,10/*522' 0"*

1. bagno/*bath*
m 156,46/*513' 4"*

3. bagno/*bath*
m 160,12/*525' 4"*

2. cucina/*kitchen*
m 157,27/*516' 0"*

1. bagno/*bath*
m 154,63/*507' 0"*

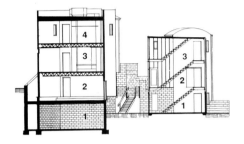

sezione BB
section BB

4. zona notte/*sleeping*
m 162,12/*531' 11"*

3. zona giorno/*living*
m 159,10/*522' 0"*

2. zona lavoro/*working*
m 156,05/*512' 0"*

1. garage/*parking*
m 152,70/*501' 0"*

3. bagno/*bath*
m 160,12/*525' 4"*

2. cucina/*kitchen*
m 157,27/*516' 0"*

1. ingresso/*entry*
m 154,63/*507' 4"*

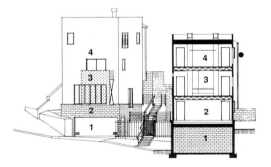

sezione AA
section AA

4. zona notte/*sleeping*
m 162,12/*531' 11"*

3. zona giorno/*living*
m 159,10/*522' 02"*

2. zona lavoro/*working*
m 156,05/*512' 0"*

1. garage/*parking*
m 152,70/*501' 0"*

4. zona notte/*sleeping*
m 160,29/*525' 11"*

3. zona giorno/*living*
m 157,72/*516' 0"*

2. zona lavoro/*working*
m 154,22/ *506' 0"*

1. garage/*parking*
m 151,18/*496' 0"*

THE CANYON HOUSE

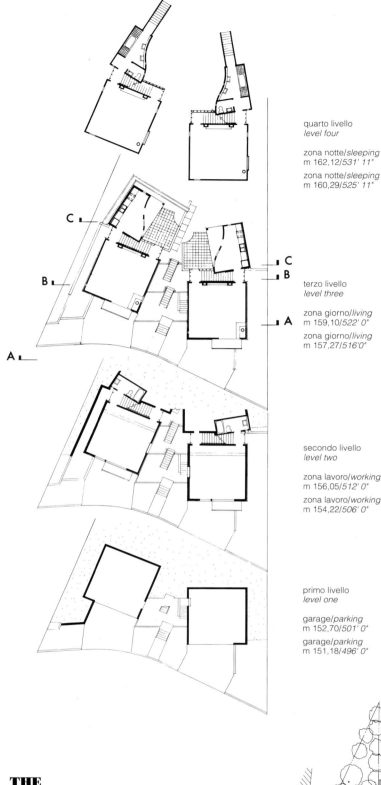

quarto livello
level four

zona notte/*sleeping*
m 162,12/*531' 11"*

zona notte/*sleeping*
m 160,29/*525' 11"*

terzo livello
level three

zona giorno/*living*
m 159,10/*522' 0"*

zona giorno/*living*
m 157,27/*516'0"*

secondo livello
level two

zona lavoro/*working*
m 156,05/*512' 0"*

zona lavoro/*working*
m 154,22/*506' 0"*

primo livello
level one

garage/*parking*
m 152,70/*501' 0"*

garage/*parking*
m 151,18/*496' 0"*

● Le quote scritte vicino alle sezioni e alle piante (in metri e in piedi) si riferiscono all'altitudine rispetto al livello del mare. Nella foto piccola ancora una veduta del fronte su strada con la saracinesca del garage alla base di ogni torretta e i balconi di lamiera forata che verranno seminascosti dai rampicanti. La porzione inferiore degli edifici, corrispondente al piano del garage, è di blocchi di cemento a vista; quella superiore è di cemento naturale liscio con una sola parete colorata — verde chiaro una torre, rosa chiaro l'altra. Nella foto alla pagina a lato: un patio ricavato fra i corpi sul retro. La parete curvilinea di questi corpi è rivestita con lastre di lamiera zincata disposte in verticale.

● *Heights above sea level (in metres and in feet) are indicated near the sections and the plans. Small photo: another view of the street elevations with an up-and-over garage door at the base of each tower and perforated metal balconies which will eventually be covered by passion vine, bougainvillea and honeysuckle. The lower part of the buildings (garage level) is made of plain concrete blocks; the upper three stories are natural cement stucco with only one wall face painted pale green or pink. Facing page: a patio tucked in between the two rear extensions. The curved walls of these extensions are clad with vertical strips of galvanized sheet metal.*

Camrose Drive

planimetria generale
site plan

N → 0 10 20 40

● Fra le torri c'è una differenza di quota di circa 1,80 metri, il che movimenta ulteriormente la dinamica spaziale dei due edifici fra loro e con l'intorno. Queste foto sono state riprese all'interno della torre che sta più in alto, ma la distribuzione degli spazi è identica in entrambe. Il primo piano, sopra il garage, è destinato allo studio-lavoro, il secondo alla zona giorno, il terzo alla zona notte. Questi due ultimi piani hanno una appendice nel corpo posteriore, che ospita rispettivamente la cucina e il bagno-spogliatoio.

● A destra: il bagno principale al terzo piano; ha un pavimento azzurro di piastrelle viniliche e all'esterno, dato il dislivello del terreno, un "marciapiede" di legno naturale. Sotto: il soggiorno al secondo piano; sul fondo, oltre la vetrata, si vede la scala interna posta a cerniera fra il corpo principale e il corpo sul retro. Nel soggiorno il pavimento è di lastre di legno verniciato e il controsoffitto si interrompe nella parte centrale in modo da lasciar vedere la struttura a travi metalliche.

● Nella pagina a lato, in alto: la camera da letto al terzo e ultimo piano dell'edificio; in questa stanza il pavimento è di moquette. In basso: la stanza studio-lavoro al primo piano; il pavimento è di cemento verniciato, la travatura metallica del soffitto è interamente a vista.

● There is a difference in grade of around 1.8 metres between the towers, which further animates the spacial dynamics between the two buildings and with the surrounding area. These photos were taken in the higher of the two towers, but the space is divided up in the same way in both. The first floor, above the garage, is to serve as a studio workspace, the second as a living area and the third as a sleeping area. The two top floors have an additional room to the rear, for the kitchen and bathroom/dressing-room respectively.

● Top: the main bathroom on the third level has a blue vinyl tile floor. Outside, on account of the slope, a natural wood walkway. Above: the living-room on the second floor. The indoor stairway between the main building and the rear extension can be seen through the glass wall at the back. The living-room has a clear finished impregnated hardboard floor and the false ceiling is interrupted in the centre to expose the metal web joist ceiling.

● Facing page, top: the wall-to-wall carpeted bedroom on the third floor. Bottom: the first-floor studio workspace with polished concrete floor. The metal web joist ceiling is entirely exposed.

NEAR CHICAGO

Vicino a Chicago

Questa casa dagli spazi opulenti e dall'aspetto molto americano si trova in un bel luogo pieno d'alberi a Highland Park, un'area suburbana di Chicago, ed è stata progettata e situata in modo da salvare il maggior numero possibile delle querce che da cento e più anni vi allignano. La costruzione è suddivisa in diversi bianchissimi volumi lineari disposti a "L" (ognuno con una sua destinazione funzionale), il cui perno è costituito da una torre delle scale generosamente vetrata; alla torre è affidata non solo la circolazione interna, non solo la funzione di cerniera nella composizione architettonica, ma anche quella di nucleo luminoso e

trasparente che irradia le parti più centrali della casa. Dicono gli architetti che in questo lavoro hanno tralasciato "manierismi e curve" e hanno optato per forme pure, rettilinee, di impatto scultoreo, realizzando una interpretazione di quel De Stijl che è sempre stato oggetto della loro attenzione e dei loro studi.

● *Boasting large, spacious rooms, this most American-looking of houses is situated on an attractive and abundantly wooded site in the vicinity of Chicago — at Highland Park, Illinois — and was designed and located to preserve as many century-old oak trees as possible. The house is split into various white volumes laid out in an L-shape; each volume contains separate functions. The hub of the building is a generously glazed main stair tower: not only does this allow for circulation within the house and act as a hinge in the architectural composition, its transparent surfaces flood the central core with light. The architects say that they eliminated "mannerisms and curves" in favour of pure sculptural, rectilinear forms — an interpretation of the De Stijl influence which continues to be the subject of study for both of them.*

Nagle Hartray & Associates, architects

● Nella foto: la forma a "L" dell'edificio crea un'area riparata alla vista dall'esterno, in cui è inserita la piscina.
● *In the photo: the L-shape of the building shields part of the site from the surrounding streets; this is where the swimming pool is situated.*

pianta
dell'ultimo piano
upper-floor plan

● La casa ospita una famiglia composta dai genitori, quattro figli — due maschi e due femmine — e una persona di servizio. Tutto è ampio e comodo. Al piano terreno c'è una grande cucina, una grande sala da pranzo, due soggiorni alle due estremità della "L", di cui uno abbastanza ampio da contenere con agio un pianoforte a coda; inoltre un appartamentino con letto-soggiorno e bagno per la persona di servizio e, in un'appendice sporgente da un braccio della "L", un garage per tre automobili. Al primo piano ci sono le camere da letto e terrazzi per prendere il sole; all'ultimo, un soggiorno panoramico accessibile soltanto dalla suite dei padroni di casa. Per la finitura esterna sono stati usati pannelli di cemento Portland i cui giunti formano su ogni facciata un disegno diverso; le finestre modulari sono raggruppate in modo da coordinarsi con i pannelli di cemento. Nella foto piccola: la porta d'ingresso; sulla destra, il corpo del garage. Nella pagina a lato: la corte della piscina. Sulla sinistra si vede la torre delle scale; sulla destra, il corpo in cui al piano terreno è situato il salone con il pianoforte a coda.

NEAR CHICAGO

pianta
del primo piano
first-floor plan

● *The house is home to a family of six — parents, two older sons, two younger daughters — and their maid. Spaciousness and comfort are the keynotes throughout. The ground floor houses a large kitchen, a large dining-room, two living-rooms at either extremity of the "L" (a grand piano fits in easily into one of them), a mini-apartment with bedroom/living-room and bathroom for the maid, and a three-car garage. On the first floor we find the bedrooms and sundecks; on the second floor, a den with panoramic views, accessible only from the master bedroom suite. Portland cement stucco panels have been used for the exterior finish, and the control joints of these create a pattern on each façade. The modular wooden windows have been grouped to co-ordinate with the stucco panels. Small photo: the front door, with the garage on the right. Facing page: the courtyard containing the pool. The main stair tower is on the left; the volume containing the living-room with the grand piano is on the right.*

pianta
del piano terreno
ground-floor plan

● Una casa tutta bianca, avevano chiesto i committenti. Così è stato fatto, con qualche misurato accento nero, come per esempio i piani di granito, i telai delle sedie, ecc. Esaudisce questo desiderio di biancore anche la scelta dei pavimenti, di quercia naturale sbiancata — quasi bianca appunto — al piano terreno, di moquette color grigio chiarissimo ai piani superiori. Nella foto piccola: la cucina. Il grande piano di lavoro a "U" ha un lato più profondo degli altri; vi è inserito un lavello e, dall'altra parte, c'è spazio sufficiente per qualche spuntino seduti sugli alti sgabelli. Per la prima colazione c'è una zona vicino alle finestre con un tavolo rotondo. La foto mostra con chiarezza l'onnipresente permeabilità della casa al verde esterno. Una caratteristica che risulta ancor più evidente osservando la foto grande, dove da un lato il pianoforte sembra disegnato direttamente sul fogliame e dall'altro, nella torre della scala leggerissima, la gran vetrata incorpora le querce in tutta la loro altezza e imponenza.

NEAR CHICAGO

● *The owners wanted an all-white house. The only accent is black, which has been used for the granite worktops, chair frames, etc. This desire for all-whiteness is further fulfilled by the choice of flooring — bleached oak on the ground floor, and warm grey carpeting on the upper floors. Small photo: the kitchen. One of the sides of the large U-shaped worktop is wider than the others, and contains the double sink; on the opposite side to the sink there is space enough to enjoy a snack, perched on top of one of the stools; the round table in the space beside the windows is used at breakfast time. The photo is proof of how the house within is permeated by the greenery without. This is even more evident in the large photo: on one side, the grand piano is silhouetted against the foliage; on the other, the fully glazed main stair tower shows off the oak trees in all their height, breadth, and magnificence.*

WATERSIDE AND SECLUDED

Vicino all'acqua lontano dagli altri

Raymond Kappe, architect with the collaboration of Dean A. Nota and Robert Bridges

Vicino a Los Angeles c'è una località chiamata Manhattan Beach. Nulla a che fare con la Manhattan di New York, cosa del resto evidentissima appena si guardi questa casa, studiata, realizzata, arredata e vissuta con uno stile che a un osservatore esterno appare come la quintessenza della "californianità". Le sue forme ricurve distribuite in lunghezza, il legno di teak di cui per buona parte è rivestita, i "ponti" ai vari livelli e le vetrate panoramiche circolari per 180° e oltre rendono inevitabile il paragone con un grande e lussuoso yacht tirato in secca sulla spiaggia. Spazi opulenti, curve opulente, attenzione ai piaceri e alle comodità della vita: i proprietari vengono qui prevalentemente nel weekend, per far festa con gli amici, rilassarsi, nuotare, prendere il sole, godere la vista della spiaggia e del mare. Architettonicamente il progetto è nato dall'idea di un edificio che collegasse fra loro tre parti molto caratterizzate: il cilindro di vetro e acciaio sul fronte verso il mare, la porzione sul retro, di cemento, che contiene le automobili e fa da supporto alla piscina inserita nel tetto, e una sorta di tunnel trasparente che, sporgente dal tetto e ruotato di 15° rispetto all'asse longitudinale della costruzione, copre con la sua volta di plexiglass la zona delle scale e ospita i collettori solari. C'è infine un quarto elemento: un basso muretto di cinta che con un'ampia curva abbraccia la zona inferiore della casa, segnando il confine fra spazio privato e spazio pubblico, e termina accanto alla gradinata di ingresso.
●

Manhattan Beach, Los Angeles, is worlds apart from Manhattan, New York. This fact becomes even more evident if you look at the house on these pages. It has been studied, constructed, furnished and subsequently lived in with a style that, to observers from elsewhere, appears to be the very quintessence of California. Its lengthwise layout and curving shapes, the teak used to clad much of the exterior, the roof decks on various levels and the more than 180° panoramic expanse of windows make comparisons with a beached yacht — of the large and luxurious variety — inevitable. Opulent spaces, opulent curves, and consideration for the good things of life: this is mainly a weekend entertainment house for the owners, a place where they can wind down, swim, sunbathe, and contemplate the view of the beach and sea. The house was originally designed as a building connecting three parts: the glass and steel cylinder facing seawards; the rear concrete portion (where the cars are housed and which also supports the rooftop swimming pool); and a sort of transparent tunnel rotated 15° to the north, with a vaulted plexiglass roof over the stairs housing the solar collectors. A final element consists of a low wall, which sweeps in a wide circle to embrace the lower portion of the house. It defines the boundary between the public and the private space, and terminates at the entry steps.

● Nella foto piccola: il fronte verso strada con la saracinesca del garage. In alto, nel muro laterale di cemento, c'è una fascia rivestita di teak e un taglio orizzontale lungo e stretto: è la "finestra" della piscina che, come si vede dall'interno nella foto alla pagina a lato, inquadra un molo di Manhattan Beach.
● *Small photo: the streetfront with the rolling shutter garage door. At the top of the side wall, a long, slender, horizontal cut runs along the teak cladding: this is the swimming pool window, which looks out over a pier on the beach (facing page).*

● Nella foto in questa pagina: una veduta frontale della prima fila di case che guardano il mare, fra le quali questa indubbiamente spicca per forme e materiali. Nella pagina a lato: il lungomare pedonale.

● *In the photo below: a view of the row of houses looking out to sea; the shapes and materials used for this particular house ensure that it stands out. Facing page: the seafront promenade.*

sezione
section

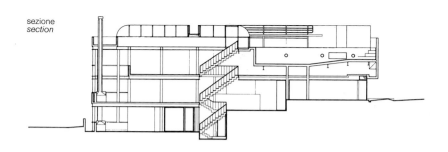

WATERSIDE AND SECLUDED

● Per quanto riguarda la distribuzione degli spazi interni troviamo al piano inferiore le camere degli ospiti e la *family room*, che è una stanza di soggiorno privata della famiglia; al piano intermedio l'ingresso e la zona giorno; al piano superiore le camere da letto. Ma anche il piano del tetto è completamente vivibile poiché è attrezzato come un soggiorno all'aperto, con piscina, vasca per idromassaggio e terrazzi a livelli diversi. La scala principale lo collega ai piani inferiori, ma c'è anche una scala a chiocciola che porta direttamente alla doccia e al locale per il bagno turco situati al piano sottostante.

● Nella pianta del tetto si vedono disegnati due elementi diagonali che si intersecano. Uno è il tunnel con volta di plexiglass che copre il vano della scala principale (lo si vede di profilo nella foto alla pagina a lato); l'altro è un percorso-belvedere delimitato da due muretti che si protende oltre il muro perimetrale sporgendo dal tetto con una estremità arrotondata.

● *The guest rooms and the family room are on the lower level; the entry and living area on the middle level; and the bedrooms on the upper level. Even the roof can be exploited to the full, for it is fitted out like an open-air living area with swimming pool, whirlpool bath and decks on different levels. The main staircase connects the rooftop to the levels beneath it, and there is also a spiral staircase leading directly down to the shower and steam room.*

● *Two intersecting diagonal elements can be seen in the plan of the roof level. One is the tunnel with the vaulted plexiglass roof over the main staircase (its outline is seen on the facing page); the other is a viewing walk, bounded on either side by low walls; this juts out of the perimeter wall, terminating in a rounded extremity.*

pianta del livello della copertura
roof level

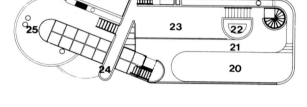

pianta del livello superiore
upper level

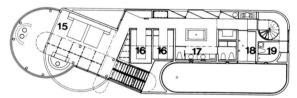

pianta del livello intermedio
middle level

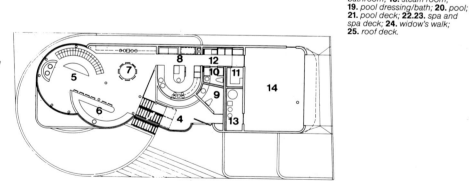

pianta del livello inferiore
lower level

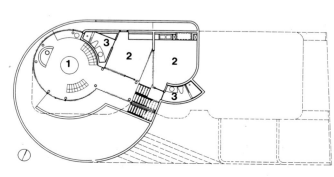

1. soggiorno privato (televisione, ecc.); **2.3.** camere e bagni degli ospiti; **4.** ingresso; **5.** soggiorno; **6.** bar; **7.** pranzo; **8.** cucina; **9.10.** bagni; **11.** cantina; **12.** lavanderia; **13.** impianti tecnici; **14.** garage; **15.** camera da letto padronale; **16.** guardaroba e spogliatoi; **17.** bagno padronale; **18.** bagno turco; **19.** spogliatoio e bagno per la piscina del piano superiore; **20.** piscina; **21.** terrazzo della piscina; **22. 23.** vasca per idromassaggio e relativo terrazzo; **24.** percorso belvedere; **25.** terrazzo.

1. family room; **2.3.** guest rooms and bathrooms; **4.** entrance; **5.** living; **6.** bar; **7.** dining; **8.** kitchen; **9.10.** bathrooms; **11.** wine; **12.** laundry; **13.** mechanical; **14.** garage; **15.** master bedroom; **16.** wardrobe; **17.** master bathroom; **18.** steam room; **19.** pool dressing/bath; **20.** pool; **21.** pool deck; **22.23.** spa and spa deck; **24.** widow's walk; **25.** roof deck.

WATERSIDE AND SECLUDED

● Opulenza di spazi e di stile di vita, si diceva all'inizio; ed eccola dimostrata da queste immagini dell'interno. A sinistra: il soggiorno principale, con un immenso divano curvo, il bar di dimensioni davvero ragguardevoli, il camino con due canne fumarie imponenti come colonne, stagliate sulla vetrata circolare da cui si ha, come dicono gli americani, una *commanding view* su tutto quello che c'è fuori. In basso: anche la cucina, aperta sul soggiorno, è impostata sulla linea curva. Nella foto piccola a sinistra: una ripresa che comprende la scala principale dal parapetto di vetro smerigliato e il terrazzo collegato con la camera da letto dei padroni di casa. Nella foto piccola a destra: il bagno padronale, con la grande vasca centrale rivestita di piastrelle scure. Nella pagina a lato: ancora l'idea del ponte di comando suggerita da questa bella foto che guarda il mare e la spiaggia ben pettinata.

● *At the beginning we talked about opulent spaces and lifestyles: proof of this is shown by these photos of the interior. Top: the main living area with its huge curved couch, preponderous bar, fireplace with column-like chimney-flues, and curved windows offering a commanding view of the exterior. Left: a curve is also to be found in the glitzy kitchen, which connects with the dining area. Small photo centre left: the stairs, with its frosted parapet, and the deck outside the master bedroom. Right, small photo: the master bathroom, in which the large central tub is faced with dark-coloured tiles. Facing page: once again, the idea of being on the bridge of a ship, looking out over the gently rippled beach towards the sea.*

Specialmente in Europa, quando un tempo si parlava di "villa" era implicito il riferimento a qualcosa di una certa importanza, o per i pregi formali e decorativi o anche soltanto per le dimensioni. Nell'accezione contemporanea, invece, sempre più per villa si intende una costruzione che mantiene sì alcuni privilegi (per esempio una ubicazione felice o fuori dall'ordinario) ma generalmente ha abbandonato ogni tentazione di auliche forme per ricondursi a una studiatissima essenzialità. Quella che presentiamo qui ha verso sud il Golden Gate Bridge e la baia di San Francisco; ai piedi, Sausalito, ex paese di pescatori; a nord, il lungo paesaggio delle colline e delle vallette verdi della catena Wolfback, e poi il Pacifico. Una vista enorme. È questo il sito che Clark Gerhardt, banchiere, scapolo, con un ufficio nel centro della città che è a un quarto d'ora di macchina, ha scelto per costruirvi la propria casa chiedendo all'architetto Mark Mack di fargli qualcosa di "costruttivista e monumentale, ma su scala moderna". Posta in curva sulla cima di un'altura, in posizione dominante, la casa ha esaudito questa richiesta: non è grandissima, eppure, specie da sud (vedi la foto in basso), si presenta con una sua imponenza che è il risultato di un sapiente incastro di volumi.

When people talked about "villas" in the past, it was generally assumed, especially by Europeans, that the building in question was something rather out of the ordinary — more interesting architecturally, more sumptuously decorated or, quite simply, larger than the norm. Naturally, the word villa still suggests a certain luxuriousness — good or unusual siting, for example — but in general the modern villa is increasingly becoming an essay in simplicity rather than a tacky attempt at conspicuous display. The villa we have chosen looks south towards the Golden Gate Bridge and San Francisco Bay, north to the wide sweep and green valleys of the Wolfback Range and down towards the former fishing village of Sausalito. The views from the site are stunning. Bachelor banker Clark Gerhardt, whose downtown office is a mere fifteen minutes away by car, chose this site for his home, commissioning architect Mark Mack to design him something "Constructivist... and monumental, but at a modest scale". Built in a commanding position along a curved ridge of high ground, the villa would seem to meet Gerhardt's requirements very well. It isn's overly large, but the irregular fluency of its volumes makes it an imposing structure, especially when viewed from the south (see bottom photo).

USA, WEST COAST: A VILLA

Usa, West Coast: una villa

Mark Mack, architect

USA, WEST COAST: A VILLA

● Nella foto in basso: ancora lo svolgersi della costruzione sul lato sud. Si vedono le grandi vetrate del soggiorno, il tetto di lamiera ondulata, il terrazzo fra pranzo e cucina al piano superiore e, sulla destra, il volume basso del garage. Nelle altre foto: due immagini del fronte nord. Ben poco affabile e posto quasi a baluardo verso la strada, è caratterizzato dal muro ricurvo e dall'aggetto centrale della scala esterna di trentun gradini che conduce all'ingresso principale. Accanto alla porta dipinta di giallo c'è l'unica finestra su questo lato (le altre due aperture sembrano piuttosto delle feritoie). Poiché in questo caso le ragioni del panorama evidentemente si impongono, alla zona giorno è stato destinato il piano superiore mentre quello inferiore, più riparato e più intimo, ospita la camera da letto e lo studio.

pianta del livello superiore
upper-level plan

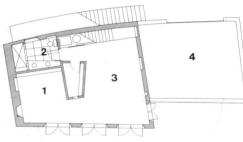

pianta del livello inferiore
lower-level plan

● *Left: another view of the south front of the villa showing the large dining-room windows, the metal corrugated roof, the upper-level terrace between the dining area and kitchen and, on the right, the squat mass of the garage. In the other photos: two views of the distinctly forbidding north front which towers almost like a rampart over the road below. The thirty-one steps of the jutting concrete staircase running up the exterior of the curved wall lead up to the main entrance. The only real window on this side of the villa (the other two apertures look more like loopholes in fortifications) is to the right of the bright yellow door. Given the nature of the site and its dramatic views, the living areas are on the upper level, while the more private areas — bedroom, bathroom, and study — are on the lower level.*

1. studio;
2. bagno;
3. camera da letto con cabina-armadio;
4. garage;
5. soggiorno;
6. bagno;
7. pranzo;
8. cucina;
9. terrazzo.
1. *study;*
2. *bathroom;*
3. *bedroom with walk-in closet;*
4. *garage;*
5. *living-room;*
6. *bathroom;*
7. *dining-room;*
8. *kitchen;*
9. *terrace.*

USA, WEST COAST: A VILLA

● L'interno è semplice, quasi spartano: pochissimi mobili, molto spazio libero, qualche inserto di legno sull'intonaco chiaro, luce che entra da ogni dove, moltissime occasioni per l'occhio di fermarsi a contemplare il grande paesaggio. Nella foto centrale a destra, per esempio, ecco ciò che si vede lavorando al banco di cucina. A sinistra: ancora la cucina, con la vetrata rivolta a sud che dà sul terrazzo dove si apre pure una porta-finestra della zona pranzo adiacente; questa porta si può vedere dall'interno nella foto piccola in basso. In alto: la vetrata nord della zona pranzo e uno dei due corridoi che fiancheggiano il blocco posto a divisione con il soggiorno.

● *The interior is of almost Spartan simplicity — very little furniture, space in plenty, wood panels set into the light-grey stucco, and abundant opportunities to stop and enjoy the vistas outside. The central photo on the right, for example, shows the cook's-eye view from the kitchen worktop. Left: the kitchen again, with its south-facing window looking out across the terrace to the glazed door of the adjacent dining-room. The small photo at the bottom shows the glazed door from inside the dining-room. Top: the north-facing window of the dining-room and one of the two corridors running along each side of the central block dividing it off from the living-room.*

**USA,
WEST COAST:
A VILLA**

● A sinistra: la vetrata sud della zona pranzo. Dati il clima e la grande quantità di aperture, per l'estate è stato studiato un impianto di raffrescamento che, oltre una certa temperatura, mette in azione una rete di circolazione d'acqua sotto il pavimento. A destra: visti dal soggiorno, il blocco divisorio fra soggiorno e pranzo e i due corridoi laterali di comunicazione. Il blocco riunisce un bagno, un ripostiglio, il camino e la canna fumaria, le casse hi-fi; con la sua facciata a capanna da questa parte scialbata di rosa, sembra una piccola casa nella casa, una casetta primitiva che va incontro alle "voglie costruttiviste" del committente. Il lato ovest è quello più stretto della costruzione, quasi un cuneo nel terreno che qui si trova al livello del soggiorno. È facile dunque uscire fra le erbe e le rocce affioranti (foto in basso a sinistra) e immergersi nell'aria aperta su questo straordinario belvedere.

● *Left, top: the south-facing window of the dining-room. On account of the climate, the number of windows, and the amount of sunlight which floods in during the summer months, a water circulation system has been installed under the radiant-heat flooring which is activated once a certain temperature is reached. Right: the central block separating the living-room from the kitchen, and the two communicating corridors, seen from the living-room. This block in fact contains a bathroom and storeroom, and the fireplace, chimney, and stereo speakers are set into it. With its cabin-like walls (faced with pink stucco here), it seems almost a house within a house, a more primitive inner dwelling reflecting the "Constructivist whims" of the person who commissioned the villa. The west front is the narrowest of all, a wedge-shaped protrusion into the terrain, here on a level with the living-room. Access is easy, then, to the grassy slopes and jutting rocks (left) for anyone wishing to savour the fresh air and stunning vistas of this commanding site.*

L'architetto "primitivista" Mark Mack questa volta si è trovato a lavorare partendo da un edificio costruito da qualcuno più primitivista di lui. I suoi committenti, infatti, avevano comprato a Berkeley, California, una casa piuttosto
→

The starting-point for "primitivist" architect Mark Mack this time was a construction built by someone even more primitivist than himself. His clients had bought an unusual and rather crude house in Berkeley, California,
→

THE BAUM HOUSE

Casa Baum

Mark Mack,
architect

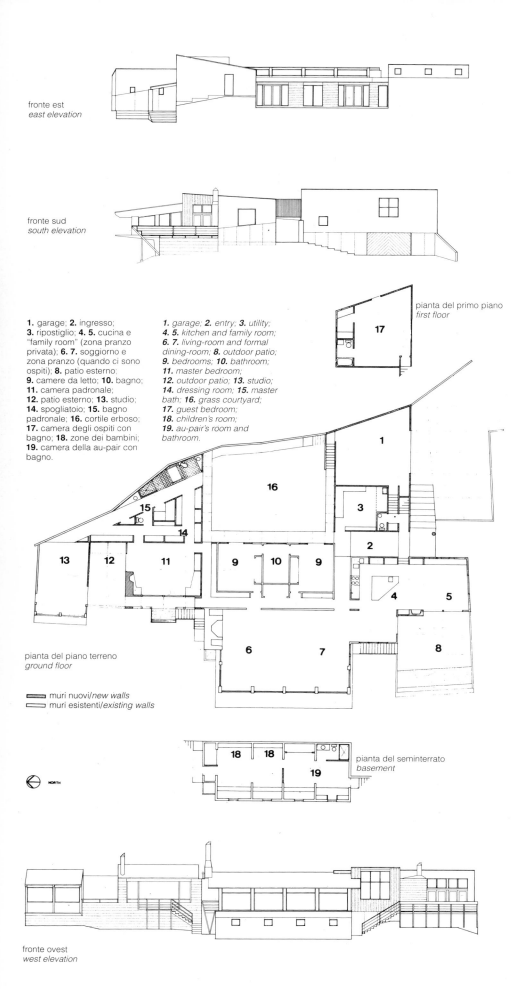

fronte est
east elevation

fronte sud
south elevation

pianta del primo piano
first floor

1. garage; 2. ingresso;
3. ripostiglio; 4. 5. cucina e
"family room" (zona pranzo
privata); 6. 7. soggiorno e
zona pranzo (quando ci sono
ospiti); 8. patio esterno;
9. camere da letto; 10. bagno;
11. camera padronale;
12. patio esterno; 13. studio;
14. spogliatoio; 15. bagno
padronale; 16. cortile erboso;
17. camera degli ospiti con
bagno; 18. zone dei bambini;
19. camera della au-pair con
bagno.

1. garage; 2. entry; 3. utility;
4. 5. kitchen and family room;
6. 7. living-room and formal
dining-room; 8. outdoor patio;
9. bedrooms; 10. bathroom;
11. master bedroom;
12. outdoor patio; 13. studio;
14. dressing room; 15. master
bath; 16. grass courtyard;
17. guest bedroom;
18. children's room;
19. au-pair's room and
bathroom.

pianta del piano terreno
ground floor

▨▨▨ muri nuovi/*new walls*
▭ muri esistenti/*existing walls*

pianta del seminterrato
basement

NORTH

fronte ovest
west elevation

THE BAUM HOUSE

"rude" e particolare, fatta su misura per sé negli anni Sessanta da Judd Boynton, un progettista locale di salda appartenenza altoborghese e di altrettanto salda eccentricità. La casa era fatta in origine di una sola stanza grande (più un angolo cucina e un'appendice bagno) a sbalzo sulla collina, con una meravigliosa vista sulla baia di San Francisco. Qualche anno dopo Boynton aveva dovuto aggiungere due camere da letto e un altro bagno e aveva inoltre costruito separatamente, nell'angolo estremo del lotto, una stanza tipo capannone che usava come studio-laboratorio. Ampliare questa casa senza tradirla completamente – per adeguarla alle esigenze dei nuovi proprietari, peraltro molto attenti e consapevoli della sua particolarità – è stato un lavoro interessante che ha mobilitato la fantasia e la creatività di tutti i partecipanti. La casa è di fatto parecchio cambiata: superficie più che raddoppiata, nuovi volumi, nuovi colori, nuovi tetti e patii, nuovi percorsi interni, una nuova ala verso la strada, una camera da letto padronale con un bagno importante che fanno da corpo di raccordo con lo studio. Tutto questo porta decisamente il segno dell'oggi: e ciò nonostante è possibile coglervi non solo il rispetto per il nucleo originario ma anche l'intento – riuscito – di arrivare a un'intima adesione e a un vivace rafforzamento del suo carattere.

which Judd Boynton, a staunchly upper middle-class and just as staunchly eccentric local designer, had built for himself in the Sixties. The original house was one large room (plus corner kitchen and bathroom lean-to) cantilevered out over the hill, with a magnificent view over San Francisco Bay. After a couple of years, Boynton had to add two bedrooms and a second bathroom, and also started building a separate shed in a corner at the far end of the site for use as a study-workshop. To satisfy the needs of the new owners – who were very much aware of its individuality – meant extending the house while remaining as faithful as possible to the original structure. It was an interesting task, and one which offered plenty of scope for the imagination and creativity of all those involved. In fact, the house has changed quite a lot: nearly double the floor space, new volumes, new colours, new roofs and patios, new interior passageways, a new wing out towards the road, and a master bedroom with an imposing bathroom that acts as a link with the studio. All of this has a very modern stamp to it, and yet it is still possible to detect not only a respect for the original nucleus but also the successful attempt to achieve thorough cohesion and to reinforce its sturdy vitality.

● Nella foto alle pagine precedenti: l'insieme dei tetti della casa e il panorama sulla città e sulla baia di San Francisco. In questa pagina, a sinistra: il patio fra la cucina e il soggiorno. Sotto: la facciata verso strada con il portone del garage e la pensilina di ingresso all'abitazione, sostenuta da una colonna di cemento a vista. In basso: il corridoio aperto su cui si affacciano le finestre della camera da letto padronale. La camera, orientata verso la baia come il soggiorno, è un po' arretrata rispetto a quest'ultimo che si protende a sbalzo sul pendio (sulla destra nella foto). Aggiungendo ai lati del soggiorno le due ali camera-bagno e cucina-ingresso-garage si è venuto a creare sul retro un cortile erboso ben riparato che giunge fino al muro di contenimento del lotto (vedi la pianta). Per ciò che riguarda i materiali e i colori, Mack si è "appropriato" del rude cemento a vista di Boynton continuandone l'uso ma affiancandolo a legni, intonaci, bordature, mosaici vivamente colorati che danno all'edificio un'impronta molto personale e nuova.

● *Photo previous pages: a general view of the roofs of the house with the panorama of the city and of San Francisco Bay. This page, top: the patio between the kitchen and the living-room. Above: the street front with the garage door and entry porch, supported by a rough concrete column. Left: the open corridor, onto which the windows of the master bedroom open. The bedroom, which faces the bay like the living-room, is set slightly back from the latter, which cantilevers out over the slope (right of photo). The addition of the two wings (bedroom-bathroom and kitchen-entry-garage) to the sides of the living-room has created a pleasant, well-sheltered turfed courtyard at the back that extends as far as the site's retaining wall (see plan). As for materials and colours, Mack has taken up Boynton's rough exposed concrete but mixed it with wood, plaster, trims, and brightly-coloured mosaics that give the house a new and very personal touch.*

● Nelle due foto a sinistra e nella prima foto a destra: il nuovo bagno alle spalle della camera matrimoniale. In questo singolare ambiente, incuneato fra la camera e il muro di contenimento del terreno, alle superfici di cemento armato che portano senza ammorbidimenti i segni delle casseforme di gettata sono accostate superfici rivestite di tesserine di mosaico in vari toni dall'azzurro al verde chiaro. Sulle vasche piove la luce dall'alto dei lucernari; una porta si apre sul cortile erboso. E l'insieme fa pensare a un bagno dell'antica Roma trasportato per ragioni sconosciute in un contesto aspro e strano. Nella foto centrale a destra: la camera matrimoniale con la grande porta-finestra azzurra verso il patio che la divide dallo studio. In basso a destra: il cortile erboso con la porta del bagno. Nella pagina a lato: ripresa dall'ingresso della casa, questa foto mostra il segno geometrico che l'ombra di un tetto lascia sulla parete esterna del bagno, in fondo al cortile.

● *Two photos on left and top photo on right: the new bathroom behind the master bedroom is decidedly unusual. Wedged in between the bedroom and the site's retaining wall, its board-formed reinforced concrete walls have been twinned with surfaces clad in pale blue and green mosaic tiles. Light floods down from the skylights over the bathtub and a door opens onto the grass courtyard. The overall effect suggests an ancient Roman bathroom, mysteriously transported to an alien setting. Centre photo right: the master bedroom with the large, light blue french doors onto the patio, which divides it from the studio. Right: the grass courtyard with the bathroom door. Facing page: taken from the entrance, this photo shows a geometric shape which the shadow of a roof leaves on the outside wall of the bathroom at the back of the courtyard.*

● Qui a sinistra: l'impaginazione degli armadietti colorati (design Linda Parrish) su una parete della "family room" nella zona cucina. Nella pagina a lato: la grande finestra aperta sul paesaggio nella parete che fa angolo con la precedente. Nella prima foto al centro: la zona lavoro della cucina e il fluido articolarsi dello spazio verso il soggiorno. Il soffitto delle nuove ali riprende la soluzione della travatura lignea che si trova, più massiccia, nel nucleo d'origine. Nella seconda foto al centro: l'inizio del lungo corridoio che collega le due ali passando lateralmente al soggiorno – fiancheggiato da muri di cemento armato a vista, è il nuovo asse della circolazione interna. Lo si vede da un'altra angolazione nella foto in basso, che mostra in primo piano la grande apertura sul soggiorno e il contrasto fra il cemento e l'intonaco rosso della parete in cui è stato inserito il camino.

● *Top left: the layout of the coloured cabinets (design Linda Parrish) on one wall of the family room in the kitchen area. Facing page: the large window looking out onto the landscape, set in the wall that forms a corner with the cabinet-lined wall. First centre photo: the work area of the kitchen, and the fluid articulation of the space through to the living-room. The ceiling of the new wings continues the use of wood rafters (those used in the original nucleus are heavier). Second centre photo: the beginning of the long corridor linking the two wings and running alongside the living-room. Lined with rough reinforced concrete walls, it is the new interior circulation axis. The same corridor is seen from a different angle in the photo on the left, which shows the large opening into the living-room and the contrast between the concrete and the red plaster of the wall housing the fireplace.*

THE BAUM HOUSE

● Salvo il pavimento rifatto in cemento lucidato, la parete rossa con il camino, la porta blu, questa grande stanza di soggiorno è rimasta quale era, come una solida piattaforma che le pareti di vetro su tre lati proteggono ma non isolano dall'esterno – tutt'altro. Al termine della piattaforma non c'è un giardino o una strada o una piazza ma il vuoto, e questo dà l'impressione di essere sospesi a mezz'aria, partecipi in posizione privilegiata di un grande spettacolo in cui natura e ambiente costruito offrono innumerevoli momenti di osservazione e di emozione. Con i suoi colori, le asprezze e le dolcezze, le sorprese, la varietà degli spazi e delle prospettive interne, la casa è tutta un contrappunto che qui sembra raggiungere il suo culmine.

● *Except for the polished concrete floor, the red wall with the fireplace, and the blue door, this large living-room has been left the way it was before, a solid platform which the glazed walls on three sides protect but do not at all isolate from the exterior. There is no garden, road or square at the end of the platform, just emptiness. This creates the feeling of being suspended in mid-air; from this vantage point the natural and constructed worlds offer countless opportunities for observation and emotion. With its colours, its harshness, its gentleness, its surprises, the variety of its spaces and of the interior vistas, the house is a work of counterpoint that seems to reach its climax here.*

THE ICARAN WING

L'ala di Icaro

by
Paola Iacucci

project by
Steven Holl Architects

Dell'abitare nel cuore della metropoli diamo due esempi, e per entrambi la metropoli è New York, Manhattan. Il primo è un appartamento nella Metropolitan Tower, un altissimo cuneo di vetro costruito da pochi anni e infilato per chissà quali alchimie fondiario-finanziarie fra la 57ª e la 56ª strada, in modo abnorme rispetto alla ordinata griglia urbana. Allestire uno degli appartamenti situati sullo sperone più acuto non è impresa facile. Qui vediamo una soluzione fuori del comune, ma forse la più giusta e poetica in un così bizzarro contesto.

●

In this issue we feature two examples of living within the heart of the metropolis — both of them in Manhattan. The first is an apartment in Metropolitan Tower, a tall sharp-pointed wedge of glass built only a few years ago, and inserted by ruthless economic forces between 57th and 56th Streets. For gridded Manhattan, the result is an oddity. Designing the interior of one of the apartments at the sharpest knife of the flatiron plan is no easy task. Here we see an unusual solution, possibly the most poetic and correct one for such an unorthodox context.

La casa di Steven Holl al quarantanovesimo piano della Metropolitan Tower racchiude un'idea che è quasi un codice segreto: l'idea di "margine" in architettura.

Ma, come tutte le architetture di Holl, è solidamente ancorata alla realtà del luogo, dello spazio dato, per rimetterlo poi sottilmente in discussione o per porre, a partire da esso, la realtà nel caleidoscopio di uno spazio altro.

L'impianto è semplice: dalla punta dello spazio angolare, appeso sulla verticale disassata della torre che non segue la griglia costante di Manhattan, parte una architettura caratterizzata da una continuità che sfalsa gli angoli e le superfici.

Holl dà infatti maggiore intensità alla angolatura delle pareti piuttosto che riportarla a riconciliarsi con la trama data. La continuità dello spazio viene riflessa e rifratta attraverso la luce, in una sequenza che è quasi un rimandare a un inizio. Gli scorci prospettici sono deflessi nello spazio, dall'entrata fino all'apice della punta triangolare sospesa nel cielo sulla città. L'idea del cuneo diventa caratteristica decisiva di questo intervento; l'angolo acuto a 40° è analogo a un suono di tono alto. È la rifrazione dell'architettura su se stessa, una sfalsatura sottile che rimette in discussione i ritmi e le sovrapposizioni.

Non c'è più verticalità o orizzontalità, ma una continuità in cui la luce percorre le superfici con lievi modulazioni: ogni cosa si rifrange e quasi si riflette continuamente, come vista da un piano diverso di lettura. I frammenti di pareti e di superfici alterano sottilmente la percezione prospettica. Non c'è nessuna apparente domesticità tradizionale, nessuna linearità statica, nessuna simmetria, ma non-rettilinearità e indeterminatezza.

È un progetto al limite, al margine tra la presenza dei materiali e la loro quasi sospensione nello spazio e nella luce: è cioè come se i materiali, le superfici, la densità delle pareti, la trasparenza dei vetri e delle superfici di seta fluttuassero nello spazio, al di fuori della legge di gravità.

La leggera angolatura in fondo non è che la rifrazione del dubbio del pensiero contemporaneo. Gli oggetti non sono semplici masse opache in una struttura spaziale continua, ma si confrontano come temi ed episodi in un vuoto dimensionalmente non preciso. La lu-

ce e il passaggio delle nuvole cambiano il movimento dello spazio nella casa e cambiano anche l'intensità delle relazioni fra gli oggetti che tra loro quasi si toccano.

Il piano verticale e il piano orizzontale sono rimessi in questione da una superficie di colore che impregna lo stucco come se fosse cera d'api: la superficie è come una massa di colore sospesa tra i due piani, che ne dissolve il punto di incontro. È la ricerca di uno spazio totale che la luce percorre con continuità, anche se con differente intensità. È un fluttuare libero dello spazio, ottenuto con una torsione di pochi gradi delle pareti che accompagna l'angolo acuto della struttura esistente.

Le leggere piegature sui muri curvi sono come le piegature di un aeroplano di carta. L'ala di Icaro è un frammento di parete curvato e ultraleggero, costruito con legno e seta d'aeroplano. È come un'ala che divide il sonno, il sogno, dall'area della coscienza.

Un pavimento di seminato scuro sembra salire e scendere in concentrazioni irregolari di colore; è sospeso come una nuvola e sottolinea la nuova forma libera dei muri. I giunti di ottone che lo intercalano sembrano proiezioni e tracce all'apparire di uno spazio diverso.

Il tavolo è l'idea di una geometria che riflette l'ammassarsi delle nuvole in un sistema formale libero. Le lampade di vetro smerigliato sono come portate dallo spazio, galleggiano, si dissolvono e sono dissolte dalla luce. I tappeti sono disegnati sulla struttura di un pezzo di musica basato su un dipinto di Georgia O'Keefe.

Attraverso una sequenza continua, la casa arriva all'acme dello spazio triangolare che si affaccia e riscopre Manhattan e la sua architettura anche notturna, rileggendone la griglia perpendicolare da un angolo diverso: una geometria i cui piani sono come cumuli trasportati da una corrente ai margini dell'imprevisto.   *P.I.*

The Icaran wing
Designed by Steven Holl, the apartment on the 49th floor of Metropolitan Tower encapsulates an idea that is almost a secret code: the idea of the "limit" in architecture.

However, like all Holl's realizations, this home is firmly anchored to the reality and space of the site; with subtlety the architect has put the existing space to question and composed a new whole. The layout is simple: starting from the →

● A sinistra: l'esterno della Metropolitan Tower. Nella pagina a lato: la zona pranzo. Si noti, in primo piano a sinistra, la torsione di quattro gradi data a una breve parete-quinta, e sulla destra, vicino alla finestra, il muro mosso da piegature come "le piegature di un aeroplano di carta".
● *Left: the exterior of Metropolitan Tower. Facing page: the dining space. Note, in the foreground on the left, a 4-degree tilted wall; on the right, near the window, the slight folds in the walls are like the folds in a paper airplane.*

THE ICARAN WING

- I muri divisori sono stati quasi tutti eliminati. Dopo il corridoio d'ingresso (in basso nella pianta) si trova sulla sinistra la zona pranzo e sulla destra un'ampia area di soggiorno. Nel cuneo, schermata dal bagno, c'è la zona letto. Le linee che percorrono la pianta riproducono il disegno dei giunti del pavimento di seminato, disegno che con la sua irregolarità annulla ogni idea di asse. Altra è l'idea che si vuol far intervenire: quella della fluttuazione e dell'indeterminatezza, ed è ottenuta addensando a nuvola in alcuni punti il grigio del pavimento (in pianta queste zone sono segnate con puntini più fitti). Nella foto piccola: un tavolino e una sedia in camera da letto, nel punto più "drammatico" della casa. Nella foto piccolissima: riprodotto in scala con la pianta, il tappeto a forma di cuneo che ricopre il pavimento in questa parte della camera. Nella pagina a lato: la prospettiva che si presenta al termine del corridoio d'ingresso. Sulla sinistra, la luce della zona pranzo; in fondo, "l'ala di Icaro" che scherma l'accesso al bagno e al letto.

- *Nearly all the partition walls have been eliminated. The entrance corridor (bottom of plan) leads through to a dining area on the left, and a large living area on the right. The sleeping area is in the wedge itself, screened by the bathroom. The lines running across the plan reproduce the pattern of the dividers in the terrazzo flooring, a pattern so irregular that it cancels out any possible notion of axes. Creating an indeterminant and floating atmosphere was one of the major ideas here, and was obtained by clustering white or black marble chips at various points along the floor (shown in the plan by darker dotting). Small photo: a coffee table and chair in the bedroom, in the most "dramatic" point of the apartment. Very small photo, top: the wedge-shaped carpet used in this part of the bedroom (shown on the same scale as the plan). Facing page: what you see on reaching the end of the entrance corridor. On the left, light pours in from the dining-room; in the background, the "Icaran wing", which shields the entrance to the master bedroom and bathroom.*

pianta
plan

knife-edge point of the flat-iron plan, the keynotes of the architecture are offsetting and continuity. In fact, Holl has given greater intensity to the angles of the walls. Light is captured and refracted by the faceted walls, creating a sequence that almost returns to the starting-point. Vistas are deflected in the space, from the entrance to the triangular point, suspended high over the city. Like a shrill sound, the acute 40° angle at the point becomes the decisive character of the interior. The architecture refracts upon itself, a subtle staggering that puts the rhythms and superimpositions to question.

Gone are the humdrum vertical and horizontal lines. In their place, a continuity in which sunlight is reflected on the faceted surfaces, and gently modulated. The fragments of walls subtly alter the perspectives. There is no traditional domesticity here, no static linearity, no symmetry, but rather non-rectilinearity and indeterminancy.

The design is on a borderline between the presence of the materials and their seeming suspension in space and light. It is almost as though the materials, surfaces, thickness of the walls, transparency of the windows and silken screens were floating in space, untrammelled by the laws of gravity.

The slight faceting is nothing but the reflection of the doubt of contemporary thought. Objects here are not merely opaque masses contained within a continuous spatial structure, but interrelate as themes within a dimensionally undefined void. The light and the passing clouds modify the space of the interior, as well as modifying the intensity of the relations between the objects, which almost touch each other.

The vertical and horizontal lines are given a new interpretation by a surface colour which impregnate the plaster like beeswax: the surface is like a mass of colour suspended between the lines, dissolving the point at which they meet. It is the search for a total space through which light can flow from end to end, even with differing degrees of intensity. The free fluctuation in space is obtained by tilting the walls from the vertical at several degrees.

The slight folds in the curved walls are similar to the folds in a paper airplane. The Icaran wing is a fragment of a curved, ultralight wall constructed of basswood and airplane silk. Like a wing, it divides the sleeping area — or dreaming area — from the conscious area.

A black and white terrazzo floor seems to rise and fall, with irregular concentrations of colour: free-floating like a cloud, it underlies the new free-form walls. The brass dividers across the floor panels seem to belong to another space.

The table represents the idea of a shape reflecting the mass of clouds in a free system. The cast-glass lights appear to float in space, and are so transparent that they seem to dissolve of their own accord, as well as being dissolved by the light. The carpets are designed from the structure of a piece of music based on a painting by Georgia O'Keefe.

By means of a continuous sequence, the apartment leads the visitor to the point of this triangular space, inviting him to rediscover Manhattan and its architecture and affording a new reading, seen from a different angle, of the city's perpendicular grid. From here, its lines seem like clouds that have been carried along by a current on the limits of the unexpected. P.I.

THE ICARAN WING

● Nella progettazione Steven Holl ha proceduto partendo da disegni quasi astratti con i quali a poco a poco ha messo a punto la sua idea di forzare la "trama data", la struttura esistente, di smaterializzare lo spazio attraverso giochi di luce, sfalsature prospettiche e interventi plastici sulle pareti, che con le loro piegature, inclinazioni, torsioni, ora assumono valore di sculture. Qui sotto: un disegno di progetto. Nella foto in bianco e nero: la realizzazione dell'idea espressa nel disegno. Nella foto alla pagina a lato: una ripresa verso la zona pranzo e lo spesso muro che la divide dalla cucina. Inutile dire che tutti gli arredi, compresi i contenitori color avorio che si vedono a sinistra e sul fondo della foto, sono stati eseguiti su disegno.

● *Steven Holl took almost abstract sketches as the starting-point for his design, and with these he gradually developed his idea of dematerializing the space, using plays of light and subtly creased walls. Tilted, creased and staggered, the walls have now become sculptures in their own right. Above: one of the sketches. Black and white photo: the realization of the idea expressed in the sketch. Facing page: a shot taken looking towards the dining area and the thick wall dividing it from the kitchen. It goes without saying that all the furniture, including the units seen on the left and in the background, was custom-made.*

● Nella foto piccola al centro: un'immagine del soggiorno. Qui a sinistra: un particolare della stessa foto; mostra il vibrare della luce su un "frammento" giallo di stucco alla veneziana, che passando dalla parete al soffitto sfuma i confini fra il verticale e l'orizzontale. Nel disegno: il progetto del tappeto che sta vicino al divano. In basso: prospettiva con "l'ala di Icaro" in primo piano; è una parete mobile di forma curva realizzata con legno leggerissimo e seta d'aeroplano. Nella pagina a lato: una ripresa dall'alto che mostra il pavimento di seminato, il tappeto, il piano del tavolino del soggiorno in vetro sabbiato. I segni sul piano, come quelli sul tappeto, sono la rappresentazione delle idee che informano il progetto.

● *Small photo, centre: a view of the living area. Top: a detail of the same photo, showing light vibrating on a yellow-painted patch which, as it moves from wall to ceiling, confuses the borders between the vertical and horizontal. In the drawing: the design for the carpet lying near the sofa. Left: a view with the "Icaran wing" in the foreground; this is a mobile, curved wall with a basswood structure clad in airplane fabric. Facing page: an overhead shot showing the terrazzo floor, the carpet, and the top of the sandblasted-glass coffee table. The marks on the table top, like those on the carpet, are the representation of the ideas running through the project.*

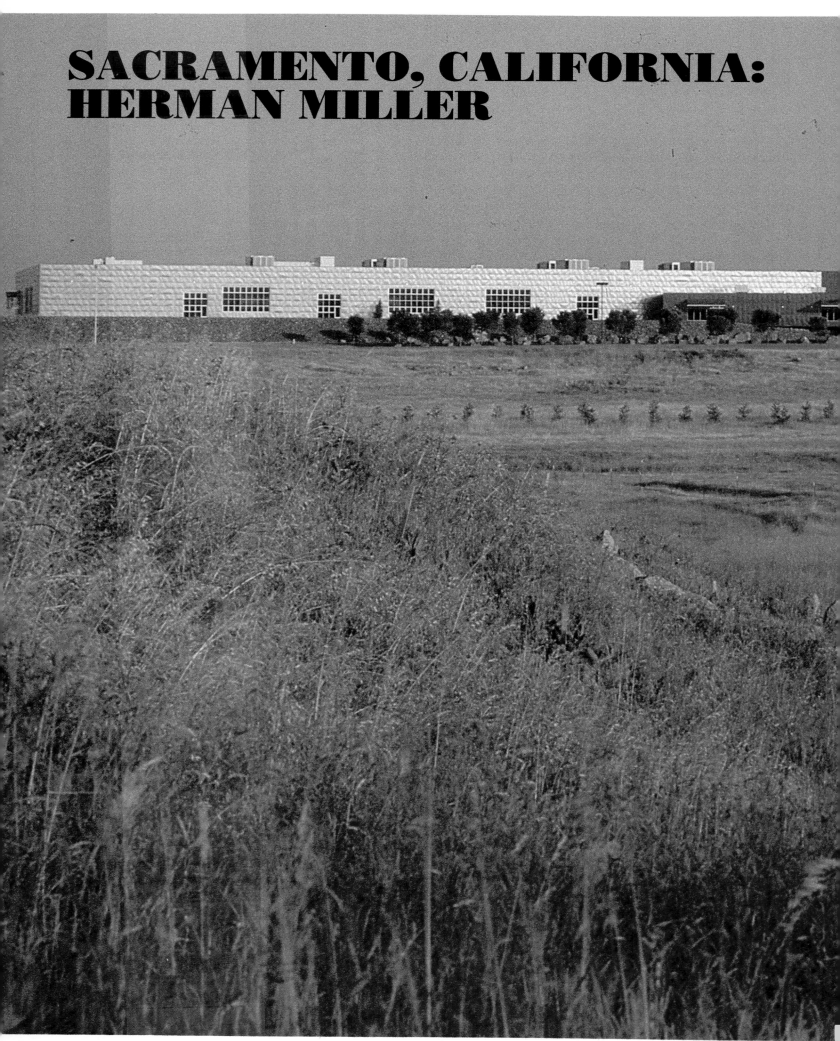

SACRAMENTO, CALIFORNIA: HERMAN MILLER

project by
Frank O. Gehry
& Associates

Tigerman,
Fugman & McCurry,
invited architects

Peter Walker
and Martha Schwartz,
landscape architects

Chi sa se Frank Gehry ha pensato a questa costruzione come a un miraggio destinato allo straniato stupore di un allucinato viandante wendersiano con chitarre alla Ry Cooder in sottofondo; e chi sa che non abbia sinistramente giocato con quel gabbione abbacinante di rame che ripropone la struttura del *gibbet*, il primo "segno" che le città europee esibivano appena fuori dalle loro porte per ammonire gli inurbati (attento sai, attento a quello che vieni a fare tra noi...) che subito si trovavano davanti gli impiccati, appesi, appunto, alle strutture del *gibbet*. Invece qui, tra queste rocce e questi cieli spietati, si costruiscono mobili per ufficio. Questa è la sede californiana della Herman Miller, che ha deciso di impiantarsi a circa 20 chilometri da Sacramento, ai piedi della Sierra, per la vicinanza del porto che traffica intensamente con il Giappone; ma anche perché, nel vuoto semidesertico del sito, il complesso offre un colpo d'occhio eccezionale. Tre grandi corpi corrispondenti ad altrettanti stadi della produzione (lavorazione →

SACRAMENTO, CALIFORNIA: HERMAN MILLER

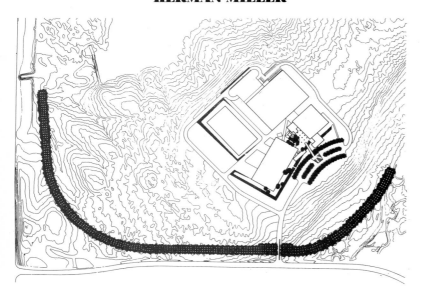

la pianta
del sito redatta
dagli architetti
del paesaggio
Peter Walker
e Martha Schwartz
*site plan
by landscape
architects
Peter Walker
and
Martha Schwartz*

Who knows if Frank Gehry intended this building as a mirage to astound the alienated mindset of some Wenders-inspired wayfarer standing gaping to Ry Cooder background guitar accompaniment? Or even if he intended the great copper cage to contain some sinister reference to the gibbets of long ago, which stood at the entrance to towns with executed criminals dangling from them – a warning to all those who approached ("watch your step, and have a care for what you come to do among us")? Instead, this rocky landscape under relentless skies is a place where furniture is made. The site is the California facility of the Herman Miller Company, which decided to set up operations in the foothills of the Sierra, about 20 kilometres from Sacramento, in order to benefit from the nearby port which does brisk trade with Japan. Another reason might perhaps have been that the factory complex is a truly astonishing sight in its semi-desert location. Three large buildings housing the three stages →

● Nelle pagine precedenti: una immagine in campo lungo del complesso industriale Herman Miller che mette in evidenza il rapporto paesaggio-architettura e l'emergenza della struttura-scultura fra i due corpi lunghi laterali. Nella foto in questa pagina: uno scorcio dei capannoni e del piccolo scoscendimento roccioso che li raccorda con il piano.
● *Previous pages: a long shot of the Herman Miller industrial complex, highlighting the relationship between architecture and landscape and the transformation of structure into sculpture in the area between the two long buildings on the sides. This page: a view of the factory buildings and the small rocky landfall that links them with the plain below.*

del legno, assemblaggio e immagazzinaggio: 300 addetti su una superficie totale di 45.000 metri quadrati) si addossano disassati a una piazza centrale, cui si accede attraverso una rampa a "Y" – il momento più ricco e complesso del sistema. Qui la dura griglia, scandita regolarmente da quindici pilastri di cemento foderati da lastre di rame (si ribadiscono i concetti cari a Gehry dell'*unfinished* e dell'*architettura d'ombra*), si confronta con due manufatti "estranei" di Stanley Tigerman (sedi di uffici amministrativi e di una cafeteria), che fu chiamato proprio da Gehry per creare una "contraddizione": scopo senz'altro raggiunto.

Il paesaggio

È buona abitudine di alcuni progettisti avvalersi di architetti del paesaggio per creare un intorno. A loro volta, molti paesaggisti hanno ben presenti esperienze di Land Art. Così, Peter Walker e Martha Schwartz, accanto a nozioni tecnico-botaniche e all'abitudine alla percezione paesaggistica (cioè alla "vista lunga"), si riferiscono

→

SACRAMENTO, CALIFORNIA: HERMAN MILLER

←

of Miller's production chain (woodwork, assembly and storage with a total workforce of 300 spread over 45,000 square metres) stand around a central plaza which is reached by a Y-shaped ramp, the most striking and complex feature of the site. Here, a rigid grid with fifteen regularly spaced copper-sheathed concrete pillars (clear evidence of Gehry's favourite concepts of "unfinished architecture" and "shadow architecture") interrelates with two other "extraneous" constructions (administration offices and a cafeteria) by Stanley Tigerman who was brought in by Gehry to provide a counterbalance, with evident success.

The landscape

A number of designers now bring in landscape architects to create a setting for their work, and these architects are, in turn, well aware of what Land Art can do. Thus, Peter Walker and Martha Schwartz have combined technical and botanical considerations and landscaping concepts (the "long vista") with inspiration

→

● Nella foto piccola: la "marcia" di rocce e alberi lungo la strada di accesso. Nella foto grande: persino i segni del parcheggio sull'asfalto rientrano nell'accurato disegno globale del sito, dialogando con i massi rocciosi visibili sullo sfondo.
● *Small photo: the line of rocks and trees flanking the access road to the factory. Large photo: even the indications on the asphalt of the car park are an integral part of the overall plan.*

alle installazioni di Carl Andre spiazzando e rimpiazzando rocce secondo un disegno preordinato che smuove il paesaggio pur utilizzando i suoi stessi elementi. I due progettisti hanno inoltre localizzato una lieve protuberanza del terreno, come un piccolo altopiano, e lo hanno indicato come sede della fabbrica per poter offrire una vista più ampia dell'intorno che comprende da una parte terreni acquitrinosi e dall'altra formazioni semidesertiche. Un drammatico, piccolo scoscendimento di pietraglia, addossato al pendio che dagli edifici raggiunge la pianura, consente un raccordo visivamente molto pregnante tra le cosiddette natura e architettura (ancora, emerge l'immagine del viandante che arranca). Sia lode poi ai progettisti per averci risparmiato giardinetti all'inglese, palmizi, piante grasse, fontane, e aver previsto invece essenze autoctone e macchia spontanea, così che la cattedrale nel deserto rimanga tale nella sua stralunata presenza.

Tamara Molinari

SACRAMENTO, CALIFORNIA: HERMAN MILLER

←

from Carl Andre works, shifting rocks to pre-established positions in a scheme that moves the landscape around while still making use of its existing components. They also suggested that the factory should be built on a kind of small artificial plateau, a slight protuberance in the terrain, from which a wider view of the surrounding landscape – marshland on one side and semi-desert on the other – could be enjoyed. A small though dramatic landfall of rocks and rubble created on the slope from the buildings down to the plain provides a suggestive visual link between nature and architecture, both of which are artificial here (our footsore wayfarer again trudges into view). Finally, all praise to the architects for having spared us English-style parks, palms, succulents and fountains, opting instead for spontaneous native trees and scrub. The result is that the extraordinary complex stands out in its splendid isolation. T. M.

● A sinistra: un'altra veduta della costruzione che rivela un paesaggio più dolce grazie alla presenza di acquitrini. Nella foto grande: in fondo, il padiglione della lavorazione del legno rivestito da lastre di acciaio galvanizzato; sulla destra, il corpo della sala di riposo risolto con un rivestimento in lastre di rame che si avvicinano al colore delle rocce.
● *Left: another view of the complex, this time with the marshland producing a softer landscape. Large photo: in the background, the woodworking pavilion clad in galvanized steel siding; on the right, the rest and recreation building with copper cladding that matches the colour of the rocks.*

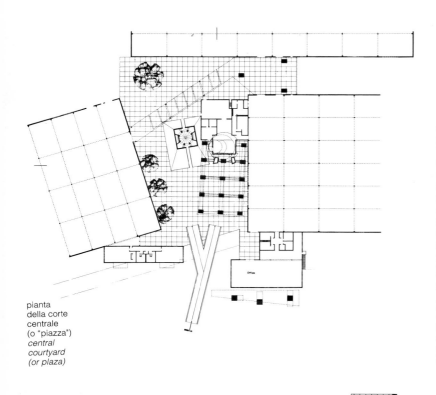

pianta
della corte
centrale
(o "piazza")
*central
courtyard
(or plaza)*

● Nella foto in bianco e nero: il padiglioncino di Tigerman, sede degli uffici, e l'edificio a tronco di cono dov'è situata la cafeteria. Per meglio mettere in evidenza l'eterogeneità dell'intervento si è ricavato uno spazio erboso lievemente interrato rispetto al piano della "piazza". Nella foto grande: la "piazza" ripresa da sud; in primo piano è visibile la rampa d'accesso alla stessa che costituisce anche l'entrata principale del complesso.

fronte sud
south elevation

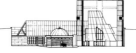

sezione A-A1
section A-A1

sezione B-B1
section B-B1

SACRAMENTO, CALIFORNIA: HERMAN MILLER

● *Black and white photo: Tigerman's small office building and the truncated cone structure that houses the cafeteria. In order to emphasize the discontinuity of the architecture, a grassy area has been inserted slightly below the level of the plaza. In the large photo: the plaza seen from the south; in the foreground, the access ramp to the plaza, which is also the main entrance to the Miller complex.*

● Nella pagina a lato: l'interessante dialogo di linguaggi, materiali e volumi prodotto dall'eterogeneità dei manufatti. Qui sotto: l'interspazio tra il muro perimetrale del padiglione dell'assemblaggio del legno e i pilastri della "torre". A destra: particolare della pensilina adiacente alla palazzina degli uffici che sta all'ingresso dello stabilimento.

● *Facing page: the discontinuity of the architecture produces an interesting dialogue of idioms, materials and volumes. Below: the space between the assembly building perimeter wall and the pillars of the "tower" Right: a detail of the overhang running along the office block at the entrance to the factory.*

SACRAMENTO, CALIFORNIA: HERMAN MILLER

Architetti e progettisti / *Architects and designers*

Fotografi / *Photographers*